会社を辞めずに〝好き〟〝得意〟で稼ぐ!

「複業」のはじめ方

藤木俊明 著

同文館出版

はじめに

筆者は「複業」を30数年間続けて今に至り、まだ続けています

最初から自分ごとになりますが、どうして筆者が本書を書こうとしているかをまずはお話しします。

日本がバブル期を迎える少し前、私は大きな会社のサラリーマンとして働いていました。もちろん、まだ「会社には一生面倒を見てもらうもの」という風潮の時代です。私には本当は、「音楽」というやりたいことがあったのですが、それでは食べていけないとあきらめ、いったん安定を求めて就職したのでした。

しかし、自分は会社組織の中では、ちっとも楽しく仕事ができないことがわかり、悩みました。

今考えると、単にわがままだったのかもしれませんが、どうしても好きな音楽を仕

事にしたくて、こっそり作曲の仕事などを請けて、給料とは別に、少しずつ収入を得ていました。イベントに使う曲などをつくると大きなお金もいただけました。本来許されなかった「複業」（副業や兼業などで、複数の仕事をすること）をしていたのです。

そんな複業を数年続けた後、満を持して会社を辞め、音楽制作を中心に行なう小さな会社を立ち上げました。それが現在まで28年間続いている私の会社の原型です。

しかし、時代は変わります。音楽制作だけで会社を継続していくことは無理だと思い、「書く仕事」を〝副業〟にして、雑誌などの仕事を請けはじめました。

ところが、今度はインターネットの時代がやってきます。インターネット関連のコンテンツ制作に軸足を移し、その後、数年がかりでそれが収入の柱になりました。

そして会社が安定した２００３年頃、「やはり、自分は音楽でなくても何か情報発信がしたい。できたら将来は本を書いていけたら」と願うようになり、機会を得て、初めての本を出版しました。それから30冊ほどの書籍を世に送り出しています。

一番好きな音楽ではなかったけれど、好きだった「書くこと」が役に立ったのです。

今、「書くこと」という収入がなかったら、自分や弊社はどうなっていたのだろうと思います。**「複業」は、「好きなことができる」だけでなく「危機管理」になっていたのです。**そんな自分の複業体験を経て、本書を書こうと思い至りました。

しかし、実は大きな反省があります。

深く考えずに会社を辞めてしまったことです。

安定した収入を失ったために、収入のためには何でもやらなくてはならなくなり、純粋に「好きな仕事」がだんだんできなくなってしまったのです。

現代にはインターネットというすばらしい道具があります。もし今の時代だったら、会社を辞めずに「複業」という道を選んでいたと思います。

時代がこんなに変わったのに、働く人も会社もあまり変わらない謎

時代は変わって、現代です。副業や兼業が認められる社会の流れが来ていると言わ

れていますが、実際にはあまり進んでいないように感じませんか。

会社で働く人の脳内にはいまだに、「会社には一生面倒を見てもらうもの」というイメージが流れ続けているのでしょうか？

会社も、従業員に忠誠を誓わせる代わりに、一生面倒を見るようなことを入社時に言ってくれたりもします（そんな約束は破られますが）。

それらにより、「会社以外の仕事をするのはよくないこと」という気持ちが、働く人にも会社にも染みついているのではないでしょうか？　もうそんな時代は終わろうとしているはずなのですが、自分の子どもは大きな会社に就職してほしいと考える親御さんがいまだに多いことも事実です。

そんな中、若い世代では、オープンに複業をうたって、いろいろな働き方をして輝いている人が登場しています。

それはとてもすばらしいことです。しかし、そんな「意識の高そうな人たち」「輝いている人たち」は限られた人たちだと感じます。日々地道に働き、なかなか評価されず、報われなくて、ひとりで悩んでいる方こそが多いはずです。

この社会は、そんな「名もなき会社員たち」が支えていると思います。

「名もなき会社員たち」が楽しく仕事をして、暮らしていけるようにできないか？

本書では、私の30数年の複業体験を踏まえ、もっと地道で時代に左右されないやり方、誰にでもできるやり方、そしてなるべく会社を辞めないローリスクなやり方、いわば**「静かな複業」**のやり方を紹介していきたいと思います。

今の仕事に悩んでいる人は、会社を辞めることを考える前に、ぜひ「複業」という働き方を検討してください。

会社を辞めずに〝好き〟〝得意〟で稼ぐ！「複業」のはじめ方 ● 目次

2章 「静かな複業」のすすめ

ANOTHER

5章 複業からささやかな一歩を踏み出しましょう

本文イラスト・カバーデザイン　大野文彰
本文デザイン・DTP　マーリンクレイン

1章

あなたを取り巻く
不確実な未来と不安

1
「ぼんやりとした不安」や「満たされない気分」を抱えて働くあなたへ

社会に出てそれなりの会社に入り、5年から10年ぐらい経過して、仕事にも慣れた頃、「ぼんやりとした不安」と「満たされない気分」を感じたことはありませんでしたか？

「ぼんやりとした不安」とは、「これから先どうなるのか？」ということ。

先輩たちを見るとみんな疲弊しています。昇進できた人も仕事がハードになっただけ。幸せに暮らしているようには見えません。その上のシニア層になると、まったく活気がありません。会社も今はいいけどこの先どうなるかわかりません。ものすごいスピードで世の中は変わっています。大きな会社のリストラのニュースや未来を悲観的に描く記事が目に飛び込んでくるでしょう。

「40歳以上の従業員を対象として早期退職3000名募集」
「終身雇用制崩壊。会社に一生面倒を見てもらえる時代は終わった」

こんなニュースや記事を読むと、この先、ずっと同じ会社で毎日淡々とすごしている自分は大丈夫なのかと不安になるのも無理ありません。

そして、「満たされない気分」とは、「自分には好きなことがあったのに」「本当はやりたいことがあったのに」という想い（Hungry Heart）でしょう。

多くの人は、自分が好きなことを仕事にできずに、生活のためにどこかの会社に勤めることになります。そして、忙しい日々の中でその想いは薄れていきますが、仕事に慣れてきて、自分の年齢が上がっていることに気がつくと、「今ならまだやり直せるのではないか」と悶々とするのではないでしょうか。

特にやりたいことがなく今の仕事に就いた人でも、「何だかこの仕事ではないような気がする」といって悩むことがあるかもしれません。

2 会社が一生面倒見てくれないことは確定しました

会社組織で働き出して5年から10年ほど経った方は、一度立ち止まって、〝**自分中心の生活設計**〟を考えてみるいい機会だと思います。

学生時代や就職活動の時には、もっとやりたいことがあったけれど、まわりの意見（特に親）を聞いたり、これからの生活を考えたりして、「やはり安全にいこう」と、今の道を選んだ人が大半ではないでしょうか？

「まあまあの学校を卒業して、まあまあの会社に入り、どこかで結婚をして家庭を持ち、マイホームを建てる。子どもができたら子育てを行なって、定年まで会社にお世話になり、退職金をもらって、あとは年金で悠々生活する」

このような、あなたの親世代が考えていたような〝**何となくの未来設計**〟**のモデル**

に影響されていませんでしたか？　現在50代以上の多くの会社員の心に刷り込まれているモデルです。

それではあなたが間違っていたのでしょうか？

いいえ、〝自分中心の生活設計〟がきちんとできていない時点で就職活動の厳しい波に投げ込まれてしまったら、先々のことを考えていられませんよね。「とにかく、何としてもいったん安定的な立場にいかないと」と考えたことは間違いではありません。とても現実的な選択だったと思います。

しかし、働き出して5年以上経っている方はもうわかっているでしょう。あなたの親が考えていたような人生のモデルはもう崩れ去っているのです。

3 大きな会社でも突然お払い箱になることもある

旧型のビジネスモデル・働き方が崩れているひとつの大きな要因は、**「テクノロジーの発達による仕事環境の変化」**です。

今まであった仕事のいくつか、特に「事務系」（間接部門）の仕事はＲＰＡ（ロボティック・プロセス・オートメーション）と呼ばれる、ソフトウエアのロボットが代行するようになります。今まで人がやっていたデスクワークはそちらにいくのです。

仮に人がやるとしても、社内でやるのではなく、遠く離れた人件費の安い国に外注（アウトソーシング）されるようになっています。たとえば、給与計算の仕事が海外の業者に発注されるのは珍しいことではなくなりました。

「事務系」で働いていた人たちには厳しい現実が突きつけられます。たとえば、

２０１８年10月には、このような報道がありました。

「富士通は26日、２０２０年度をめどにグループ全体で５０００人規模を配置転換する方針を示した。対象は人事や総務、経理などの間接部門で、成長分野であるIT（情報技術）サービス事業に振り向ける」（２０１８年10月27日付 日本経済新聞より）

富士通といえば、日本を代表する会社です。この記事を意地悪く翻訳すれば、「人事や総務、経理の人たちはＩＴのエンジニアになってもらいます」と読めます。そして、「対応できない人たちには別の道に転進してもらいます」ということです。

つまり、会社にはいらないということですね。別に富士通だけをやり玉にあげるのではありません。どこの大手企業でも起こりつつあることです。

あなたと同じように、〝何となくの未来設計〟を持って入社し、一所懸命働いていた人事や総務、経理の人たちが、ある日「エンジニアになるように！　だめなら会社を辞めてください」（よく「転進支援」という言葉が使われますが、ほとんどの場合が辞めてくださいということです）と言われるようなことが起きているのです。

このような報道を見聞きし、それが現実に起こっている今、組織の一員として働いてきたあなたは、**親や学校から聞かされていた古い価値観に基づく〝何となくの未来設計〟から、〝自分中心の生活設計〟へシフトするタイミング**ではないでしょうか。

〝自分中心の生活設計〟といっても、すぐに大きく変化させることではなく、今勤めている会社組織は最大限大切にすべきであり、考え方を少し変えるということです。

4 現実には50歳で「上がり」を迫られます

自分が所属する「会社」について、考え方を少し変えようと申し上げました。ひょっとして、あなたは会社のことが大好きなのかもしれません。でも実は、会社はそれほどあなたのことを大事に考えていないものです。

現在、終身雇用制などと言っていても、**実際50歳ぐらいで働き場を失ってしまう職場は少なくありません。**定年が60歳あるいは65歳まで望めば働ける会社であっても、50歳頃に「役職定年」といって給与を切り下げられるところが多いのです。3割ぐらいカットされる場合が多いと聞きます。

人事院「民間企業における役職定年制・役職任期制の実態」には次のようにあります。

「役職定年制を導入している企業割合は23・8％であり、これを企業規模別にみると、500人以上では、36・6％、100〜499人では、25・5％、50〜99人では17・1％となっており、企業規模が大きいほど導入比率が高くなっている」

つまり、大きな会社にいる人には役職定年制度が待っているのです。また、同資料によると「55歳」に役職定年とする会社が多く、会社によっては50歳で役職定年にするところもあるようです。そして、次のように給与は下がります。

「課長級の役職定年後の年収水準は、役職定年前と比べて『下がる』とする企業の割合は82・5％であり、『変わらない』とする企業の割合は8・8％となっている。また、課長級の年収水準が下がるとする企業の年収水準は『約75〜99％』が最も高く78・2％、次いで『約50〜74％』が20・4％となっている」

8割強もの企業では役職定年によって給与が下がるようです。私が取材などで聞く感覚とそんなに違わないように思えます。そして、60歳になり「雇用延長しますか？どうしますか？（あなたの働く場所はありませんけど？）」と聞かれて、なんとか延長してもらった場合でも、もう一度大きく給与を引き下げられます。役職定年で3割カット、60歳で再雇用される時には5割カットの条件を示されるという例も聞いたことがあります。ベテラン層には早く辞めてほしい会社は多く、雇用延長ができないように仕向けてくる企業も少なくないそうです。

5

「人生100年時代」とは自分の力で生きて行けということ？

「60歳を過ぎて、自分の子どもより遥かに低い給与で働かなくちゃならない。しかも、持たされる責任は変わりないんだよ！」

これはつらいですよね。**会社が大好きで、会社を信じて一所懸命に働き、一生面倒を見てくれると思ったら、こんな仕打ちに遭うわけです。**もちろん、あなたの会社はもっと親切で、もっと面倒見がいいかもしれませんが……。

しかも、**定年を60歳から65歳、さらには70歳に引き上げようという国の動きも見られます。**

高齢者が増加したことにより、国が年金や医療費の面倒を見切れなくなってきたことで、年金の支給時期を65歳から70歳、ゆくゆくは75歳に引き上げようと考えている節があります。そうなると、定年を65歳から70歳に引き上げてほしいと企業に要請するわけです。

しかし、企業のほうも、「そんなこと言われても70歳までなんて面倒見切れないよ」というところがほとんどでしょう。逆に、そのうち「75歳まで働いてもらいます」ということになるかもしれません。

そんな背景を考えると、現在しきりに**「人生100年時代」とうたわれているのは怪しい**なと感じます。

そうすると**企業が打つべき手段は3つ**です。

ひとつは、役職定年などをもっと早め、40歳ぐらいにリストラをはじめる方法、これは先ほどの新聞報道と同じニュアンスです。「早めに別の道を探してほしい」ということですね。

2つ目は、定年を伸ばしたり、役職定年を伸ばしたりするものの、給与はさらに引き下げるという方法です。

そして**3つ目は「副業・兼業」を認めること**で、ここにわれわれが進むべき道があると考えます。

6 あなたの先輩たちは逃げ切ろうとしています

こんな不安定で不確実な時代は、50代以上の人たちの立場も直撃しています。先ほど述べたように、役職定年で収入が減ったり、会社の中で現場から外されてしまったりしてモチベーションを失います。

中には、起業や転職を図る方もいます。もちろん、実力があって成功する人もいますがレアケースです。多くの人は、「自分がいた会社組織の実力」と、「自分の本当の実力」を勘違いしたまま、新しい環境で痛い目を見ます。

考えてみれば、同じ会社の中に30年いたわけで、いきなり違う環境ですぐに成功するのはなかなか難しいことです。よほど周到に準備してきたか、新しい環境に向いていた人でないと大けがをしてしまいます。

また、大企業から中小企業に転職した人もよく失敗します。「前の会社ではこうだった」とか成功体験にこだわって、だんだん煙たがれ、居場所を失ってしまうパターンが多いようです。

それでも、あなたの先輩、50代半ば以降の人たちには「逃げ切り」という手段があります。

65歳以降には間違いなく年金が受け取れるので（今後、本当にずっと年金が確実に支給されるとすれば）、それまで何としても逃げ切ろうという集団です。それも、立派な生存手段でしょう。しかしあなたの世代にはそんな手段は約束されていません。

では、どうすればいいのでしょう？

7 「仕事が楽しくなること」でほとんどの悩みは解消する

「毎日の仕事が楽しくなること」

それであなたの仕事に関する多くの悩みは解決するはずです。現に、今仕事をするのが楽しくて仕方がないという人は、「ぼんやりとした不安」や「満たされない気分」で鬱々としていないでしょう。

それでは「仕事が楽しくなる」ためにはどうすればいいのでしょうか？

① 自分の好きなことを仕事にすること

② 好きなことがない人は、人に喜ばれることを仕事にすること

③ ①もしくは②によって、何らかの報酬を得ること

簡単なことですよね?

「簡単ではありません。今の会社を辞めたら生活はどうするのですか!」という声が聞こえてきました。

いいえ、**会社を辞めるのはリスキーです。本書でおすすめしたいのは、「会社を辞めないで別の仕事を持つこと」です。**

「うちの会社は副業禁止です」とおっしゃる方も多いでしょう。

これまたいろいろな方法があります。本書では、仕事で報酬を得るといっても、お金に限ったことではありません。ですから、「副業」には限定しません。

むしろ「複業」です。会社の仕事も一所懸命やり、自分の好きなことも仕事にしていき、そのうち自分のもうひとつの収入の柱に育てば、「ぼんやりとした不安」や「満たされない気分」はかなり解消できるはずです。

8 ネットの成功談は鵜呑みにしないほうがいい

「会社を辞めて起業をすすめるということですか？」

このように思われたでしょうか。いえ、あまりすすめません。

SNSなどでは、若くして起業した人たちの「挑戦しよう！」という声や、「職場を変えてこんなに収入が上がった」という成功談ばかりが目につきます。

今、世の中はスタートアップ（ベンチャー）ブームのような状況で、「起業しないか」と言って仲間同士で事業をはじめる例も増えています。あなたのまわりにもそんな人たちがいるでしょう。そんなまわりの声に感化されて、「ようし、自分も」と意気込んだり、人の成功談を聞いて「自分は全然だめだ……」と思ったりしていませんか？

やりたいことがあって起業したり、職場を変わったりすることを否定するわけではありません。しかし**現実には会社を辞めて起業する人の成功率なんて、びっくりするほど低いのです。**

ネットで成功談ばかりが目につくのは、みんな自分がうまくいったことしかしゃべらないからか、何らか広告宣伝に結びつけようとしていることが多いからです。恥ずかしい失敗などは覆い隠されていることがほとんどで、ネットの成功談なんて真に受けないほうがいいでしょう。

これから、不確実性の高い時代に突入します。そんな時に、安定した収入を突然捨てるのはおすすめできません。

9

会社を辞めないで、好きな仕事をする道があります

「それじゃ会社を辞めないほうがいいのですね？」

はい。自分からは辞めないほうが絶対にいいです。

「好きなことをして生きていきたいのですが、それでも辞めないほうがいいのですか？」

はい。自分からは辞めないほうが絶対にいいです。

「それでは、好きなことを我慢して、今の会社でじっとすごしていれば大丈夫ですか？」

これからは変化が激しくなる時代です。大丈夫とは言い切れません。

「辞めないほうがいいと言ったり、このままでは大丈夫かわからないと言ったり、矛盾していませんか！」

だからこそ「静かな複業」です。安定した収入を確保しながら、自分の好きなことを仕事にしていき、どんな時代になっても、対応できるようにするのです。ネットの普及によってスキマ時間が活用できるようになりました。また、社会の流れで、副業や兼業を認めようという会社が増えてきました。

しかし、**せっかく副業や兼業を認める流れが来ているのに、わが国では何だかうまくやれません。**まわりからいろいろ言われることもあります。

そこで本書では**「静かな複業」**、つまり、**日本でうまく「複業」を行なう生活スタイルを指南していきます。**

どうぞ、本書で「ぼんやりとした不安」や「満たされない気分」を晴らして、仕事を楽しく、いきいきとする日々に変えてください。

「静かな複業」をはじめよう

2章

「静かな複業」のすすめ

1

「会社は一生面倒見てくれるところ」ではなく「会社は自分の幸せにとって大切なPieceのひとつ」と考えましょう

まずは、会社に対する認識を変えてみましょう。

「会社は一生面倒見てくれるところ」という考えを、「会社は自分の幸せにとって大切なPiece（部分）のひとつ」という風に考え方、見方を変えてみるのです。

会社をないがしろにしろと言うのではありません。むしろ、「自分が生きていくために大切な組織」と考えてみます。

あなたが今働いている組織がどんなところにせよ、そこが持っている「仕組み」「人」「お金」「（人や組織の）ネットワーク」というものは、絶対に自分ひとりでは持てないものですし、何といっても、毎月の生活資金を確実に提供してくれるのです。

そして、自分が成長していく機会を与えてくれる組織です。会社の方針に合わせて成長し、大事な役職に昇進していくのもひとつの生き方です。「複業」によって得た社外の人的ネットワークや、柔軟な考え方がそのために役立つかもしれません。どのような企業でも、新しい事業や未知の収入源を探しているからです。

あくまで会社のことを大切に考えます。だけど、そこに依存して一生すごすという生き方は選びません。

言い方を変えると、**「会社は自分のメインクライアント」**と、心の中で切り替えたら気持ちが楽になるのではないでしょうか。

仕事は一所懸命にやり、チームや取引先は大切にする。でも、それはすべて「自分の人生のため」。自分の人生のすべてを依存して、一生面倒を見てくれるところではないと、クールに切り分けることをおすすめしたいのです。

2 まだまだ日本では「複業」が認められていません

ただし、大きな問題があります。わが国では、「複業」（副業・兼業）を認めない会社がまだまだたくさんあります。

独立行政法人労働政策研究・研修機構の調査（2018年9月11日発行）によると、このような結果が出ています。

●副業・兼業を許可する予定はない　75・8％
●副業・兼業を許可している　11・2％
●副業・兼業の許可を検討している　8・4％

つまり、副業や兼業を含む「複業」を認めない会社が多いのです。

２０１８年に厚生労働省のモデル就業規則が変わり、副業は「許可制」から「届出制」に緩和されました。

つまり、会社以外の仕事については、許可されないとできないものではなく、届け出ればいいことになったのですが、実情はまだまだです。

そこに「まわりの目」が加わります。「会社以外の仕事をやっている」と言うと、仲間うちでは「へえ？　どんなの？」とか「いいなあ、私もやりたいなあ」と興味を持たれますが、それを真に受けてはいけません。

すぐ噂話にしますし、上司に告げ口されます。よほど理解のある上司でなければ、人事評価でマイナスにしかなりません。

ここまでの情報で、行動することをあきらめるでしょうか？　いいえ、やり方はいろいろあります。現在のわが国の一般的な会社では、**会社やまわりに話さずに、静かに複業をはじめることをおすすめします。**

会社にバレないように、またはむしろ会社を味方にして進める方法はいくつもあります。本書ではそれを**「静かな複業」**と名づけたいと考えています。

3

日本に向いた「複業スタイル」でいきましょう

そもそも複業とはどういうことでしょう？　『明日を支配するもの』（P・F・ドラッカー著　ダイヤモンド社）では、次のように「パラレル・キャリア」について書かれています。

「パラレル・キャリア（第二の仕事）、すなわちもう一つの世界を持つことである。二十年、二十五年続け、うまくいっている仕事はそのまま続ける。週に四十時間、五十時間を割く。（中略）しかし、もう一つの世界をパラレル・キャリアとして持つ」

今、日本でも社員のパラレル・キャリアを認め、週1日以上、他の会社や組織で働くことを許可する企業も出てきています。生活に必要な収入は、メインで働く会社から得て、パラレル・キャリアとして、他の仕事に従事することを認めるわけで、これだと安心して「もうひとりの自分」の仕事を行なえます。

しかし、前述の調査のように、まだまだ日本では多くの会社で「複業」は認められていません。

だったら、自分の力で何とかしようというのが、「静かな複業」という働き方です。本書でおすすめする「静かな複業」の定義をここに記しておきます。

① あくまで会社は辞めない

② 会社に知られないように、または会社公認で好きなこと（あるいは、人に喜ばれること）を仕事にしていく

③ ①と②の両立でローリスクに「自分の未来設計」に向かっていく

4 「静かな複業」で〃ありたい自分〃の未来設計をしましょう

① **あくまで会社は辞めない**

前章で述べたように、「会社は一生面倒見てくれるところ」から「会社は自分の幸せにとって大切な Piece のひとつ」という風に考え方を変えます。

ただし、「給料だけもらえばいいや」という態度は、自分にとっても会社にとってもよくありません。自分の生活を支えてくれ、自分を成長させてくれる組織だと位置づけて、きちんと仕事に向き合わないと複業とは両立できません。

そうすると、**必要なことは「時間の有効な使い方」**になります。「静かな複業」では、「時間管理」がとても大切になってきます。

② **会社に知られないように、または会社公認で好きなこと（あるいは、人に喜ばれ**

ること）を仕事にしていく

「複業」（つまり副業・兼業）が許可されていない会社ではどうするのでしょうか？

就業規則を一度見てみることをおすすめしますが、本来会社というのは、定められた勤務時間以外の時間を拘束できないはずです。つまり、それ以外の自分の時間をどう使おうが勝手なはずです。

ですから、会社以外の「好きなこと」を仕事にしていくべきです。**ただし、それによって会社の中での立場が悪くなったりしては元も子もありません。**まずは知られないように、または会社公認でスタートすべきです。どうやって会社に知られないように一歩スタートするかは後で説明します。

③ ①と②の両立でローリスクに「自分の未来設計」に向かっていく

本来は「自分が幸せだと感じて楽しく生きられること」が一番大切なことですよね。

もし、「静かな複業」をはじめても、だんだん会社の仕事が楽しくなって、それに打ち込むことが幸せであれば何よりです（ただし、いつか会社での仕事は終わります）。

また、会社からの収入で生活を支え、スキマ時間に好きなことを仕事にして精神的に豊かにすごせれば、それも幸せなことです。それを実践して、定年後に好きなことを続けている人もいます。

年金をメイン収入にして、好きなことの収入を足して、一生好きな仕事に関わり続けていられます。もうひとつの仕事で知り合った人や組織などと、会社とは別のネットワークをつくり上げる人もいます。もし、会社を卒業したとしても、そんなネットワークがなくなることはありません。

「自分の未来設計」や「好きなこと」がはっきりしない人は、最初は「人に喜んでもらうこと」の情報収集からスタートしたらどうでしょうか？

会社からもらう給与ではなく、「人に喜んでいただく報酬」はとてもうれしいものです。ですから、難しく考えず「人に喜んでもらってお金をいただくには何がいいだろう？」というところからスタートすればいいと思います。もちろんボランティアでもかまいません。まずはネットワークづくりからはじめましょう。

もうひとりの「こうありたい自分」をイメージしましょう

「静かな複業」をはじめようという時には、会社で働く自分とは別に、イラストレーターの自分、ライターの自分、ミュージシャンの自分など**「こうありたい自分」**を設定してみましょう。

たとえば、あなたが会社の経理部門で働いている女性、大宮はるみさん（仮名）だとします。会社での仕事は、ミスの許されない神経を使う仕事です。しかし、あなたは、本当はライターになりたかったとします。そしていつか自分の本を出してみたい……。ただしライターにはなれなかったし、それで生活していけるとは思えません。

そこで、**「静かな複業」の中でライター「HARUN」になればいいのです。**

HARUNは「こうありたい自分」です。

たとえば、HARUNは全国の旅行地を回って、おいしいものを紹介する人気旅行ライター。いろいろなメディアに寄稿していたら、出版社の目に止まり、自分の本を

「こうありたい自分」を設定することが複業への一歩

出すことができました。でもＨＡＲＵＮの正体は誰も知りません。もしかして、ふだんは地味に働いている「名もなき会社員」かもしれない……。

こんなことは夢物語だと思いますか？　いえ、実現している人がいます。ネットの力を借りて、「こうありたい自分」を実現できるのです。

「静かな複業」で活用する舞台（インターネット上など）では、あなたとは別人格のキャラクターだと考えると、「こうありたい自分」として、自由に活動しやすくなるのです。

「静かな複業」を行なっていくと、会社以外の世界で（ネット上だとしても）あなたは個人として評価されることになります。いいことばかりではなく、つらいことを言われたりすることもありますし、そんな時に守ってくれる会社はありません。

そんな時は、「いろいろ言われているのは自分ではなく『こうありたい自分』なんだ」と考えると、気分が楽になるはずです。そして、「『こうありたい自分』なら、こんな時どうするのだろう？」と客観的に対処することができるはずです。

「こうありたい自分」をうまくイメージできない人は、この後に「こうありたい自分」のつくり方ツールを提供しますので、参考にしてください。

3
章

「もうひとつの仕事をしている自分
＝
こうありたい自分」を考えてロードマップをつくろう

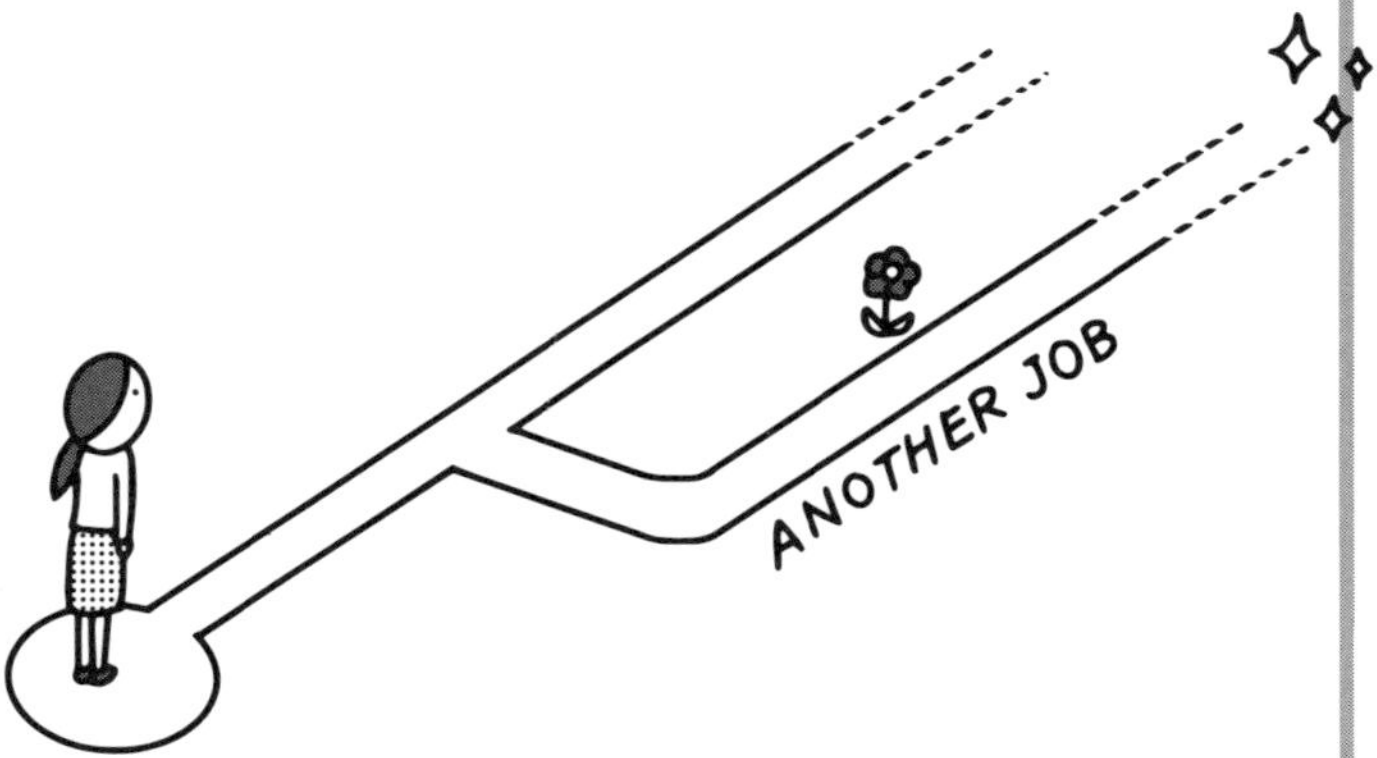

1
「こうありたい自分」がイメージできると方針が決めやすくなる

では、「こうありたい自分」の姿を整理してみましょう。すでにイメージできている方はどうぞ先に進んでください。もやもやしている人、はっきりイメージできない人は、左の表を見てみましょう。

今いる会社への想い、「好きなこと」「やりたいこと」がはっきりしているかどうかで4つのタイプに分けてみました。

この4つのうち、あなたの「こうありたい自分」はどれが近いですか？　あまり考え込まず、直感で選んでみてください。

ずっと今の会社で成長していきたいか、できたら将来は自立したいか？　という軸と、「好きなこと」や「やりたいこと」が明確になっているか、そうではないか？

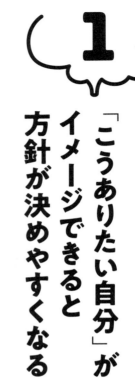

「こうありたい自分」イメージツール

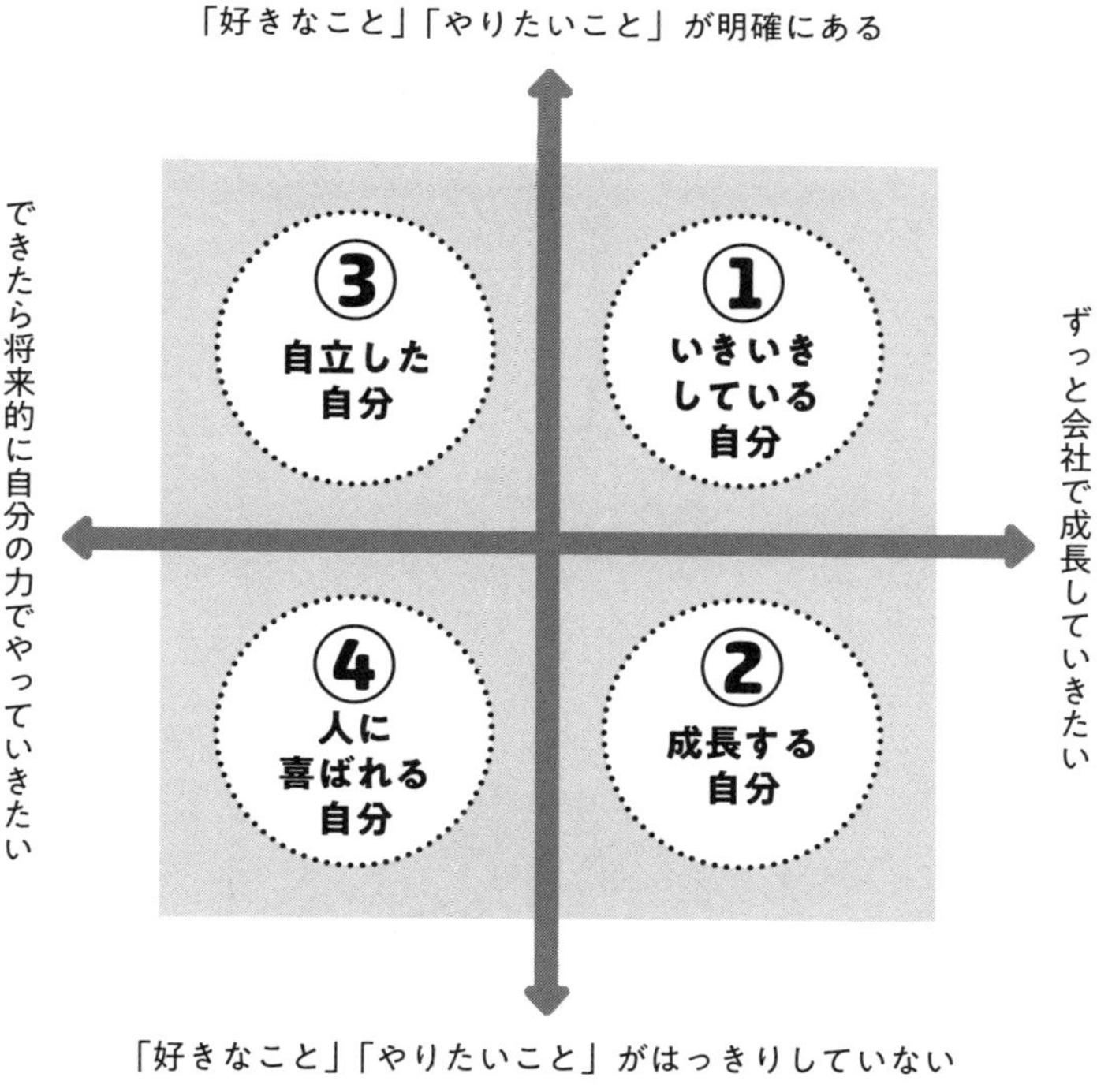

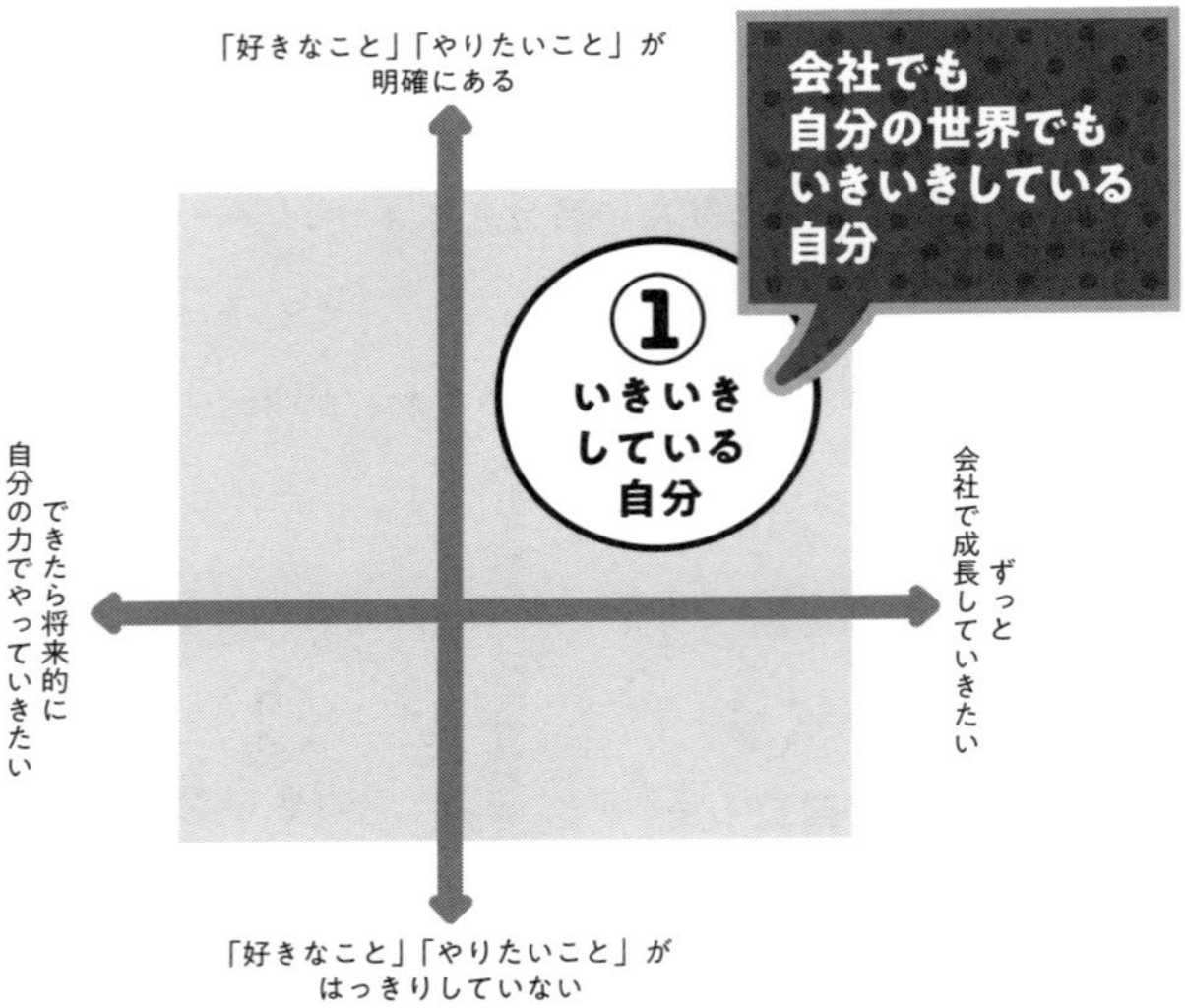

これを今の段階の直感でもいいので選んでみましょう。

① もうひとりの「こうありたい自分」は、「会社でも自分の世界でもいきいきしている自分」

あなたが考える「こうありたい自分」は、会社の仕事も十分にこなし、好きなことをもうひとつの仕事として頑張れている、ある意味理想的な「静かな複業」のスタイルを実践している自分です。

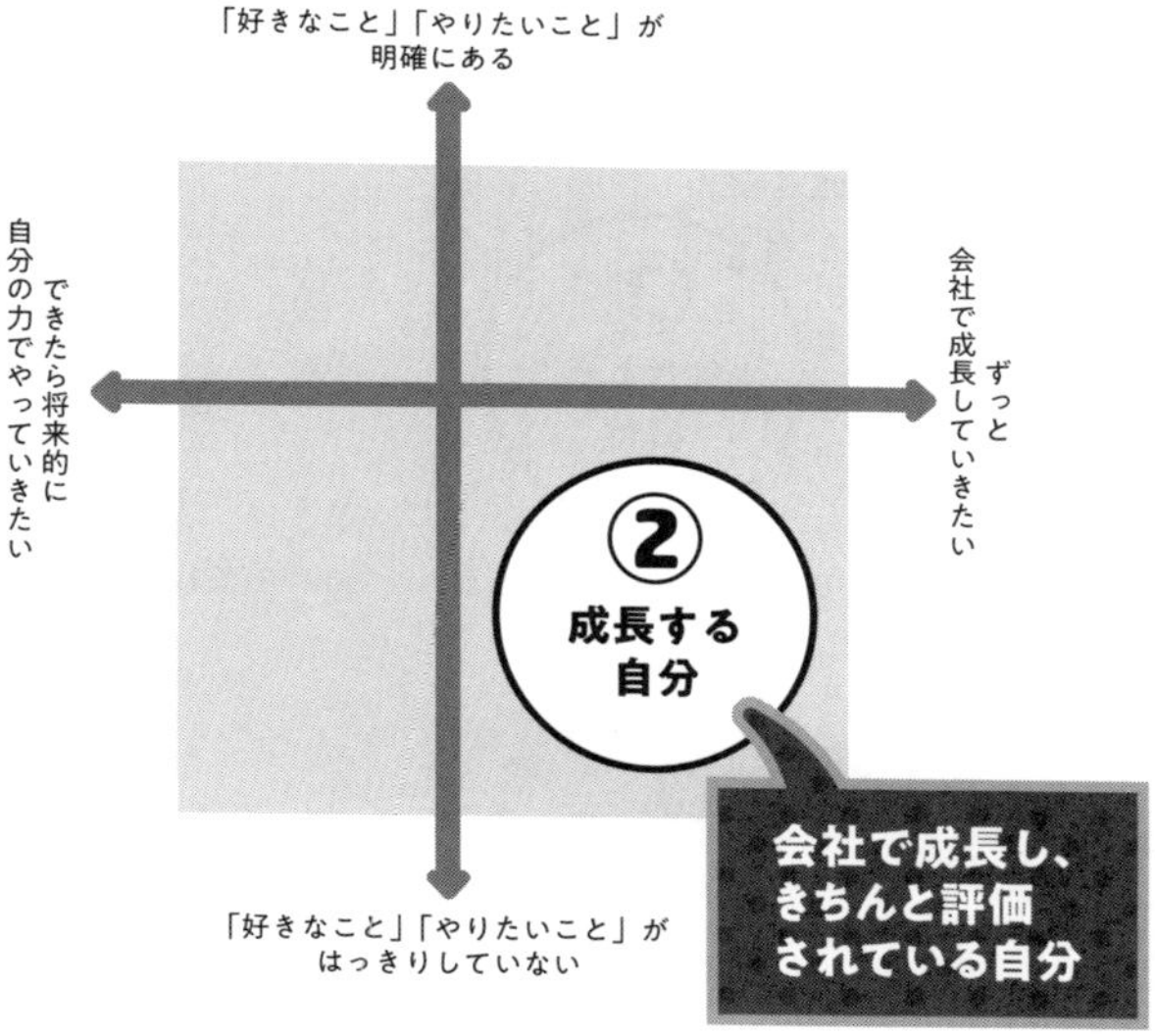

② もうひとりの「こうありたい自分」は、「会社で成長し、きちんと評価されている自分」

あなたが考える「こうありたい自分」は、会社の仕事をやりつつ、別の仕事で「人に喜ばれている」自分で、その別の仕事で身につけた技術や知識、人とのつながりを、会社の仕事にも活かすことができている、一番実践的で、会社も喜ぶ「静かな複業」のスタイルです。

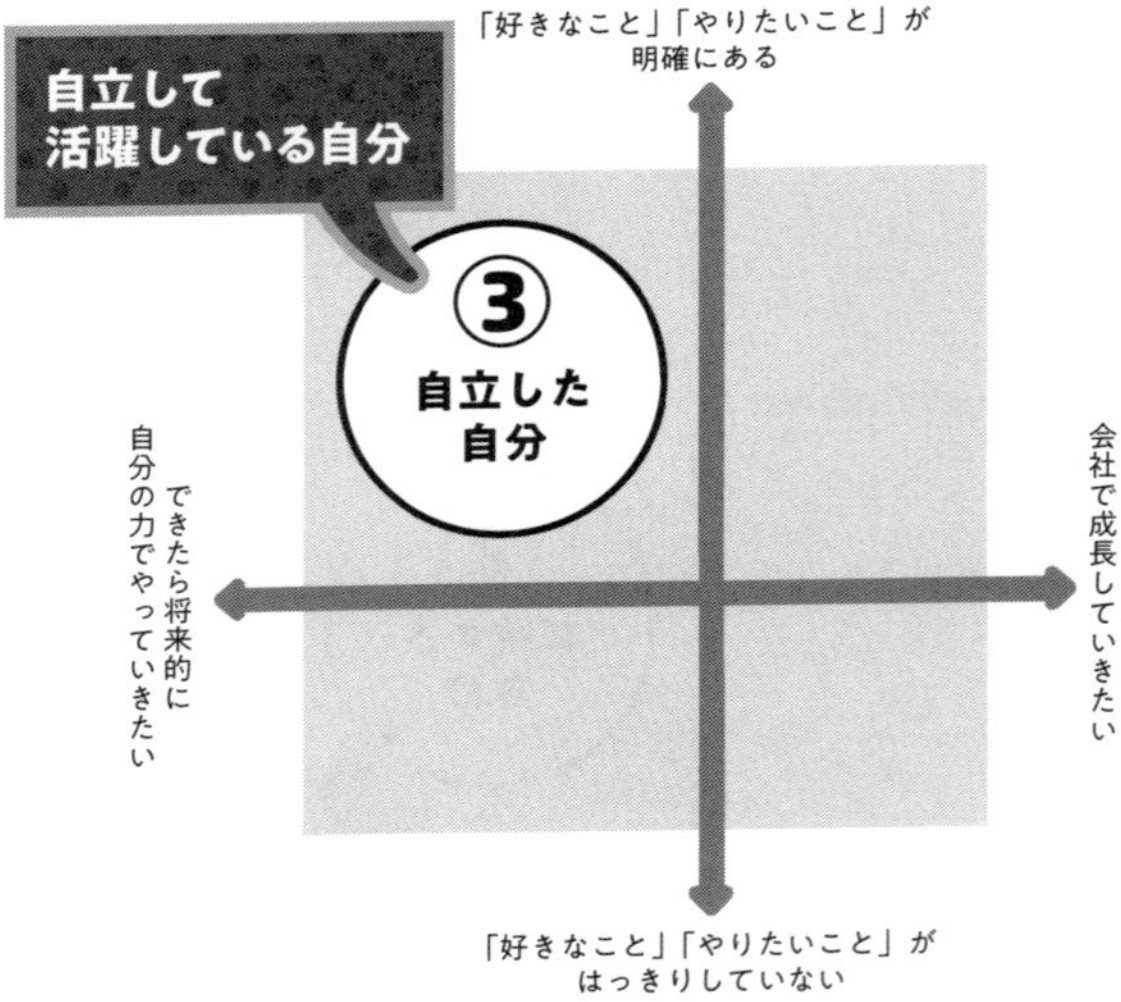

③ もうひとりの「こうありたい自分」は、「自立して活躍している自分」

あなたが考える「こうありたい自分」は、会社に勤めながら「好きなこと」「やりたいこと」をやっていき、それをメインとした仕事で自立できるレベルに達した人です。もういつでも独立・起業に向かうことができそうです。これは厳しい道ですが、それでも一番自分らしさを貫く「静かな複業」スタイルですね。

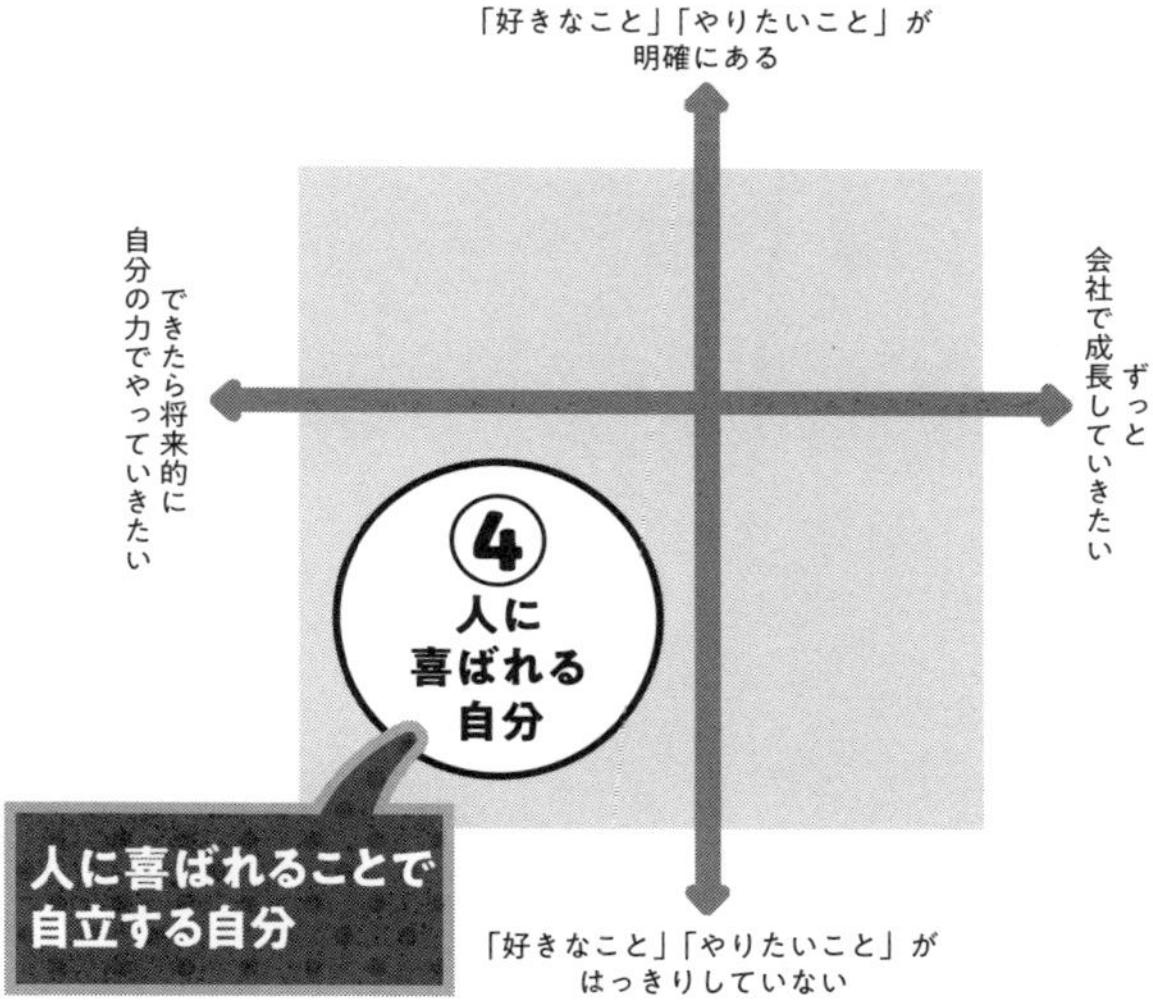

④ もうひとりの「こうありたい自分」は、「人に喜ばれることで自立する自分」

あなたが考える「こうありたい自分」は、「好きなこと」「やりたいこと」ではなくとも、何かの仕事で「人に喜ばれる」自分です。

そして、そんな社外の経験や人のつながりで、自分のやりたいこと、自立できる方法を探し、会社に頼らずにやっていける準備ができている、これも実践的な「静かな複業」スタイルです。

①から④のどの「こうありたい自分」を選んでも、きっとあなたは今の状況を変えていくことができるはずです。では、順番に①から④のロードマップを見ていきましょう。

2

「会社でも自分の世界でもいきいきしている自分」へのロードマップ

あなたは会社の仕事も一所懸命やりたいと考えています。不満はあるけれど、会社のことは嫌いではない、むしろ好き。ここで生きていきたいけれど、やっぱり不安はぬぐえないし、やりたいこともある。そこで「静かな複業」を検討し、こんなロードマップをベースに考えてみたらどうでしょうか？

まず、自分の身を守るため会社の制度を調べてみる

あなたは仕事を頑張っています。まずはそのまま無理をしないように頑張りましょう。まわりには、自分の心に芽生えた「こうありたい自分」のことは話さずに、今まで通りふつうに働きます。

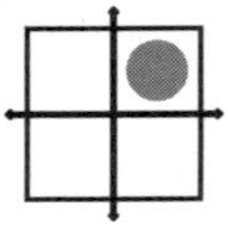

「好きなこと」「やりたいこと」が明確にある
ずっと会社で成長していきたい

	会社	こうありたい自分
今すぐ	●毎日の仕事を頑張ろう ●会社の制度を調べてみよう	●情報収集をはじめよう ●「第3の場所」（64ページ参照）を探そう
半年先ぐらい	●毎日の仕事を頑張ろう ●時間の使い方を工夫しよう	●匿名の「こうありたい自分のキャラ」をつくろう ●活動を開始しよう ●ネットワークを広げよう
少し先	●会社に「こうありたい自分」の活動を話し、仲間をつくろう	●収入を自分に投資しよう ●「こうありたい自分」の活動で会社の仕事に活かせるヒントを見つけよう
近い将来!	**会社でも自分の世界でもいきいきしている自分**	

ただ、**会社の制度を調べてみましょう。**

たとえば副業についてはどうなのか。会社外の有意義な活動に関して支援する制度があるのか。ふだんは就業規則をなかなか読まないでしょうから、じっくり「自分が社外の活動をすることに何か障壁があるのか。それとも許されるのか」を確かめてみておいてください。

また、日本の会社の難しいところですが、就業規則に許可されるとあっても、実際には嫌がられたり、許可しないと書いてあっても、何とかなってしまったりという曖昧なところがあります。ここが、「日本型パラレル・キャリア」のポイントです。

「自分のやりたい別の仕事をやろう」と決めたけど、会社を辞めるつもりがないあなたは、**会社との摩擦を最小限にしなくてはなりません。**嫌な言い方ですが、それが現実的であることは、毎日働いているあなたのほうがよくわかっているでしょう。でも、目的が正しければいいのです。

060

こっそり人事に前例を聞いてみる

たとえば、就業規則に「副業は禁止」と書いてあったとします（本当は、会社は副業禁止にできないという専門家の解釈もあります）。ところが、相談してみると、「別の会社の従業員として働くのはだめだけど、自分がオーナー（経営者）になるのは認められている」という事例がよくあります。

もっと言えば、どこかの会社の株主になることは、まず副業と言われませんよね。それで言えば別のどこかの会社の株を買って取締役になるのも副業には当たらないのではないか、と言えるでしょう。

今はそんなつもりはないかもしれませんが、自分が会社をつくっても副業に当たらないし、飲食店に出資してオーナーになっても副業には当たりません。つまり、就業規則には反していないと言えるのではないでしょうか。できるならば、就業規則だけでなく、人事部の口の堅い友人に、「あのさ……。こんな場合はどうなるの？」とこっそり聞いてみればいいでしょう。

やっかいなのが「社風」です。「何となくそんなことをやっていると居づらい会社」というのは確かに存在しますね。しかし、本来会社は従業員を24時間拘束することはできません。たとえば「9時から17時までは契約上自分は拘束されるけれど、その他の時間は自分の自由に使っていいはず！」と心の中で唱えて、やりたいことに向けて一歩踏み出すべきだと思います。

ネットで静かに情報収集をはじめるということ

あなたは、「好きなこと」「やりたいこと」が割と明確になっている人のはずです。ただ、それは千差万別ですし、本当に明確かと言えば、これも人によってまちまちでしょう。ですから、まずこっそりネットで情報収集をはじめましょう。では、どんな風に情報収集をすればいいのでしょうか。

①「好きなこと」「やりたいこと」をもっと本格的にやるためにスキルを上げたい、勉強することからはじめたい場合

まず気軽に簡単にスキルを上げたい場合は、ネットを使って、マンツーマンの講師を探してみることからはじめたらどうでしょうか？　1回当たり数千円で教えてくれ、時間や場所を自由に選べる仲介サービスもいろいろあります。セミナーや教室と違って、自分の聞きたいことを深く聞けますし、もし「自分に合わないな」と思えば、講師を変えたりやめたりするのも大変ではありません。

たとえば次のような仲介サービスがあります。こういった特技や知識を個人間で売り買いするサービスは「スキルシェア」と呼ばれています。

●**サイタ**　https://cyta.jp/

いろいろなジャンルのプライベートコーチが選べます。

●**ストアカ**　https://www.street-academy.com/

ビジネスや趣味などいろいろな「教えてくれる人」がいます。

踏み出すには少し勇気が必要ですが、これらを受けてみる意味は、「もし自分だったらどう教えるのだろうか」とか「自分のレベルはどれぐらいなのだろうか」という物差しになるところにあります。

② 「好きなこと」「やりたいこと」を誰にもバレずにちょっと腕試ししてみたい場合

自分の好きなことでちょっと腕試ししてみたい、たとえばイラストだったら、誰かが買ってくれるのか試してみたいという段階にある人は、スキルシェアの仲介サービスを利用してみたらどうでしょう。しかも会社に内緒でということであれば、ネットで完結する仲介サービスがいいと思います。

●ココナラ https://coconala.com/

自分の「できること」を出品して、ほしい人に買ってもらえます。

(注：ただし、実際に会って行なうサービスだと、会社にバレる確率が上がるので、「イラスト」「音楽」「ライティング」など、スキルよりも「作品」

の売り買いがいいでしょう）

●note https://note.mu/

このサービスで、ブログやマンガを読んでいる人も多いと思います。たとえば「小説を書きたい」「ビジネス書を書きたい」などと考えている人は、こちらでブログをはじめて、有料で販売するということができます。もちろんペンネームが使えます。

「第3の場所」を探すということ

さて、ここで「第3の場所」という謎のワードが出てきます。

一般的にはスターバックスコーヒーのキャッチフレーズとして知られていますが、**「会社でもない」「家でもない」自分の場所を確保することが意外と活動をしやすくします。**

会社ではもうひとつの仕事を探したりすることはできません。家では集中できないこともあるでしょう。なので、自分が集中できる「第3の場所」を、できたら会社と自宅の間のどこかに確保して、情報収集を行なう、あるいはその結果、手続きしたりする「誰にも会わない場所」があるといいでしょう。

パソコンが開けて、ネットにつながり、電源があるところ。そんなに長く滞在することはありません。会社が終わってから家に戻るまで、あるいは早朝家を出て、会社が始業する間の1時間から2時間集中できたらいいのです。

都市部に住んでいる人は、まずは**カフェ**がいいでしょう。多くは朝7時から開いていますし、Wi-Fiや電源が完備されています。ちなみに、「エクセルシオールカフェ」のホームページでは、各店舗の電源の有無が調べられます（多くのカフェでは電源の有無を調べられないので自分で実地で確認するしかありません）。しかし、混みあっているカフェだと集中できないのが難点です。

そんな場合、**公共図書館**でも、Wi-Fiや電源が使えて、パソコンを開いていいところがあります。お金もかからないしいいですよね。たとえば、東京・千代田区の千代田図書館は夜10時まで開いていて、セカンドオフィスとして使ってもらいたいとうたっています。周辺で働いている人にはおすすめです。

ただし、カフェも図書館も、「混んでいて座れない！」とか「人がいて集中できないよ」ということがあります。そんな人は投資になりますが、**コワーキングスペース（共同作業場）**を時間単位で借りてはどうでしょうか？　ここは、はじめから作業したい人ばかりが来るところなので、集中することができ、カフェにお金を使うのだったら、自分の家や勤め先周辺で、使いやすいコワーキングスペースを探しておくのもひとつの手です。当然、電源やＷｉ‐Ｆｉ、ゆったりとした席などが準備されています。

東京の駅近では、渋谷のマークシティにある「コインスペース」などは12分１００円でデスクが使えます。

できたら、あなたと同じような世代の人が利用していて、何となくスタッフと話しやすいところを見つけるといいでしょう。それが思わぬ人的ネットワークにつながるかもしれません。

たとえば、千葉・柏の葉キャンパス駅近くにある「ＫＯＩＬ」はコミュニティを大切にしていて、夜11時まで1時間４００円で受けつけているので、沿線住民で会社帰

「会社でもない」「家でもない」自分だけの場所を見つけよう

りの人などは「第3の場所」にしやすいと思います。

私は首都圏のことしか知りませんが、今、地方でも若い人たちが工夫していろいろなコワーキングスペースをつくっていますので、そういうところを探して「第3の場所」にするといいのではないでしょうか？

068 半年先には、本格的に時間の使い方の工夫をはじめる

複業の活動をはじめて半年後。あなたはやはり毎日仕事を頑張っています。いろいろ情報収集した結果、就業時間外にやってみたいこと、試してみたいことが出てきました。とてもいいことです。そうすると、「時間の使い方」を工夫していかないと大変です。その方法は、具体的には3つしかありません。

- **睡眠時間を削ること**
- **朝の時間を活かすこと**
- **スキマ時間を活かすこと**

睡眠時間を削るのはおすすめできません。もしかしたら、将来そんな場面が来るかもしれませんが、無理をしたら続きませんし、下手すると本業にも悪い影響が出てきます。そうなっては元も子もありません。体はしっかり休めるようにしましょう。

頭も体もすっきりしている早朝を活用するのはとてもいい策ですが、場合によっては睡眠時間を削ってしまうかもしれません。

そんな中、**何といってもおすすめなのが、スキマ時間を活かすこと**です。ただし、そのためには道具（ツール）が必要です。

ひとつはみなさんも持っている**スマートフォン（スマホ）**です。そして、やはり**軽いノートパソコン**がほしいところです。スキマ時間に何か作業を行なうという時には、現時点ではノートパソコンに勝るものはないと思います。タブレットとキーボードの組み合わせでもいいでしょう。

つまり、**そのための投資が必要**ということです。本書では極力お金のかからない方法をお伝えしたいのですが、道具に関しては最低限揃えないと次のステップに進みにくいのです。

何が違うかというと、一番は**「入力の効率」**です。ただし、若い世代にはスマートフォンでパソコン並みに入力作業ができる人も増えているので（音声入力などを使いこなす方も）、そこに自信がある人はしばらく様子見でいいでしょう。

何にせよ、スキマ時間に作業ができる持ち運びしやすいネットにつながる道具が必要だということです。前述の「第3の場所」もうまく活用して（今、駅ナカにコワーキングスペースをつくるという実証実験も各地で行なわれています）、時間を有効に活用しましょう。

複業している人に話を聞くと、**みんな時間の使い方が上手**です。そこを工夫しないと、両立し続けていけないのですね。たとえば、早朝出勤して、空いている電車の中で作業をする人、カフェで仕事をする人、早朝に社外ネットワークのミーティングを行なう人など、いろいろな活動を可能にしています。

匿名の「こうありたい自分のキャラ」をつくる

さて、活動をはじめる前に、前章で登場した「ＨＡＲＵＮ」のように、「こうありたい自分のキャラ」を匿名でつくってみましょう。

インターネットを介して活動することが多いと思います。そこでは**別の自分になっておきましょう。**つまり会社に知られないようにしたほうがいいです。誰かに頼んで、自分のアイコンのイラストをつくってもいいでしょう（それも投資です）。

ちなみに、**インターネット上に登場させるキャラの顔は、くっきりはっきりしたタッチのものがよい**です。ＳＮＳなども全部それで統一しましょう。ネット上ではあなたがしゃべっているのではなく、〝もうひとりの自分〟がしゃべっていると認識するのです。

匿名だから思い切ったキャラクター設定もできます。と言ってももちろん、失礼な振る舞いや、無礼な書き込みをしてはだめです。そのキャラクターは「こうありたい自分」であり、そこに自分自身が近づいていくイメージです。自己暗示みたいなものですね。
私の友人に、会社員時代にまさにそういう別のキャラクターをつくってＳＮＳ上で有名人になり、それを活かして人脈を広げ活動している女性がリアルにいます。知り合いでもなかなかその人だと気がつかないくらいでした。

また、「こうありたい自分」のキャラクターとして、**珍しい「肩書き」**を考えても面白いでしょう。

「△△評論家」とか**「○○研究家」**とかはいかがでしょうか。ネットで調べて、まだあまり使われていない肩書きであれば、メディアに取り上げられやすいからです。私は1年前に「副業評論家」という肩書きで自分のホームページから発信したら、それだけで3件テレビの取材と、２件のメディアへの執筆依頼が来ました。

活動を開始し、ネットワークを広げる

あなたは好きなこと、やりたいことがだいたい決まっているので、ここまで準備が

できたら活動を開始しましょう。たとえばネット上に匿名で作品を発表したり、ブログやSNSのアカウントを開設して、ゆるゆると情報発信をはじめたりしてみましょう。会社が副業や兼業を認めていて、むしろ背中を押してくれるのであれば、実名で本人のままでぜんぜんかまいませんが、それでもやっぱり、会社の自分とは違う「こうありたいキャラ」をつくりましょう。

そして、この段階で一番やっておきたいのが、**「同好の士」のネットワークをつくることに加えて、極端に言えばファンづくりです。**大げさではなく、自分のブランディングを行ないましょう。この先だんだん効き目が出てきます。

会社に「こうありたい自分の活動」を話してお墨つきをもらう

あなたの活動が広がっていき、まわりの人に話しても大丈夫だと思ったら（多少不安は残っていても）、いよいよ会社の仲間に打ち明けましょう。

そして、**会社の中で「応援団」や「同好の士」を探していきましょう。**もしかして、よく思わない人がいるかもしれません。でももう、この時期になったら、「会社の自分」

と「こうありたい自分」の両立を図るべきです。

もちろん、ここまであなたが会社の仕事を一所懸命やってきたからこそできることです。そんな一所懸命に仕事を頑張る人を、会社はそう簡単に手放そうとは思いません。「これからも会社の仕事を頑張りますので、好きな仕事も認めてください」というストーリーになります。

少し遠い世界のことに思えるかもしれませんが、パナソニックという大企業の中で役員に昇り詰めた小川理子さんは、世界的に評価されるジャズピアニストでもあり、CDも書籍も出されています。

こんなことが起こり得る時代になっているのですね。今は会社も変わってきています。もうひとつの仕事を頑張るあなたのことを、自社のブランディングに使いたいと考えてもおかしくないのです。ちょっと嫌な言い方をすれば、**「会社にうまく自分を利用してもらい、その代わり自分の活動にある程度お墨つきをいただく」**ということです。会社でも、自分の好きな仕事でも評価され、「静かな複業」を成功させるために、賢くいたいものです。

収入を自分に投資する

この頃にはあなたの活動が広がっていき、会社とは別の収入が入りはじめているかもしれません。そのお金、どうしますか？　もちろんあなたが自分で稼いだお金です。どう使ってもかまいません。25日に振り込まれる決まったお金ではなくて、自分個人が好きなこと、やりたいことをやって得たお金は、少しの金額だとしても輝いて見えませんか？

それを**「自分への投資」、具体的には、好きなこと・やりたいことでレベルアップするために投資するのはどうでしょうか？**

あなたの希望は、ずっと会社の仕事と好きな仕事を両立していくことでしょうから、小さく稼ぐよりも、両方レベルアップする方向に使うのがいいのではないかと思います。実際に収入が発生した時に、ぜひ考えてみてください。

「こうありたい自分」の活動で、会社の仕事に活かすヒントを見つける

実はこれは、副業・兼業を認めている会社がもっとも期待していることです。今、どこの会社も新しい事業のアイデアに悩んでいます。会社の中だけにいては、とてもアイデアは出ません。

そこで、会社の外に出て活動している人が**「外で偶然見つけたアイデア」を持って来てくれないかな、**と期待しているのです。あなたがどんな活動を外で行なうかわかりませんが、「ひょっとしてソーシャルメディアのこういう使い方はうちの会社にとってヒントになるかも?」「今回やり取りした副業仲介サービスの仕組みって、うちの会社に使えないのかな?」そんなことを偶然見つけたら、スマホにメモしておくといいでしょう。そのアイデアを煮詰めて、そして育てて、会社での提案につなげるのです。そういうことが、会社のお墨つきをもらうことにつながるかもしれません。

どうですか? ここまで来たら、会社の仕事と「こうありたい自分の活動」がリン

クしているあなたの生活は、とてもいきいきして、会社からも評価を得られ、自分の好きなこともやれているのではないでしょうか？

3

「会社で成長し、きちんと評価されている自分」へのロードマップ

あなたは会社の仕事を頑張っていますし、その中で成長して評価されたいと考えています。しかし、他に特に好きなことややりたいことが浮かばない。実は、そんな人こそ、「静かな複業」が向いています。

これから会社の中で成長するには、会社の中だけにいてはだめで、**外に出て社会的課題とその解決方法を見つけたり、地元貢献の活動をしたりして人的ネットワークを広げる**こと、そして新規事業を生み出すことが求められていきます。

そんな視野の広いあなたになるためには、こんなロードマップをベースに考えてみたらどうでしょうか？

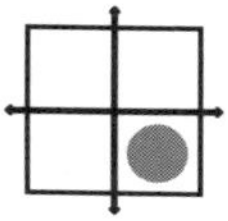

「好きなこと」「やりたいこと」がはっきりしていない
ずっと会社で成長していきたい

	会社	こうありたい自分
今すぐ	●毎日の仕事を頑張ろう ●会社の中のキーマンを探してみよう	●情報収集をはじめよう ●地元や社外のキーマンを探してみよう
半年先ぐらい	●毎日の仕事を頑張ろう ●会社の「外向きの活動」を利用してみよう	●地元や社外のネットワークに参加してみよう ●ネットワークを広げよう
少し先	●会社の中で「こうありたい自分」の活動を広げよう	●広がったネットワークで会社の仕事に活かせるヒントを見つけよう
近い将来!	会社で成長し、 きちんと評価されている自分	

会社の中のキーマンを探す・地元や社外の情報収集をはじめる

あなたは会社を辞めるつもりはなく、会社外の活動（それがまだ何だかぼんやりしているかもしれません）と両立していきたいわけですから、どちらにしても、会社の中に理解者が必要ですし、自分の会社ではどんなことが可能なのか、一度情報収集してみることからはじめるといいでしょう。

本来、本書の「静かな複業」とは、なるべくまわりに言わないでおこうというものですが、あなたの場合は**堂々と情報収集すればいい**と思います。大きな会社では、探せば意外に自分と同じことを考えている人や、すでに実行に移している先輩がいるものです。

たとえば、前述したパナソニックの小川理子さんは、次のように著書で述べています。

「新規プロジェクトが一九九三年に解散した直後、居場所を失った私はドラマー

の上司に誘われて、ジャズバンドを組むことになった」（『音の記憶』小川理子著　文藝春秋）

実は、もうひとつの好きなこと、やりたいことのきっかけをつくってくれたのは会社の上司だったということです。すばらしい上司ですよね。

もし会社にそんな上司や仲間はいない、あるいはそんなことも言い出しづらいという環境であれば、やはり黙っておき、社内での情報収集はあきらめて、地域やネットで**「会社に勤めながら地域社会に参加できる活動・サークル」**などを探しましょう。

その代表格が社会課題解決にボランティアで取り組む**NPO法人**、またそれを支援する**プロボノ活動**です。プロボノについては後述しますが、詳しく情報収集してみたい方はこちらのウェブサイトを参考にするといいでしょう。

●**認定NPO法人サービスグラント**　https://www.servicegrant.or.jp/

半年先、地元や社外のネットワークに参加してみる

大きな会社では、業務以外に「社会課題解決のための活動」を推奨し、会社の活動の一環として参加を呼びかけているところがあります。そんなところに参加して、自分の見識を広げるのもひとつの方法です。会社が推奨しているのですから、参加することにまったく問題はありません。

今まで知らなかった部署の人とのつながりができたりして、「こうありたい自分」に近いモデルがいたり、ヒントを見つけることができるかもしれません。

しかし、会社を辞めるつもりはないけれど、そこまで会社と関わりたくない人は、先ほどのプロボノ活動に参加してみたらどうでしょうか？　「ボランティア？　自分は体力がないし……」と思っている人もいるかもしれませんが、安心してください。プロボノはボランティアですが、**仕事で身につけたスキルを活かして、社会活動に取り組むＮＰＯ法人を支援する仕事です。**

たとえば、会社で経理の仕事が得意だったらそれを活かせばいいし、ウェブサイトの運用に携わっているなら、それを活かす仕事をやります。なので、会社の仕事との乖離が少ないのです。災害時などに呼びかけられて取り組むボランティア活動とはイメージが違うものと思ってください。

プロボノ活動をするには（大きな企業では自社を通じてプロボノに参加する制度を持っているところもあります）、先ほどの「サービスグラント」を通じて登録し、自分の住んでいる地域を中心に、関わりたいプロジェクトに参加することになります。「サービスグラント」は行政と連携して、さまざまなNPO法人の支援を行なっているところです。

ネットワークを広げる

プロボノに限らず、**地域の活動**でもいいでしょう。そうしたところに参加し、顔なじみができてくると、そこがあなたの「第3の場所」になり、自分のネットワークができて財産になります。あなたの場合は、そのネットワークが会社の仕事に役立つようにすることが目的です。だから、「社会課題解決」に関わる社外活動がベストなのです。

「何だか社外のそんな活動とか面倒くさい」と思う人もいるでしょう。どうして、こうした社外の人とのネットワークが大事かというと、社内の付き合いとは違い、「目的を同じくした人」とのネットワークは、長続きするからなのです。

以前、外食チェーンのすかいらーくグループ創業者、横川竟《きわむ》さんにお話を聞いた時、**「サラリーマン時代には仲間づくりをすることが大切。その中でも特に『社会貢献』に関われる仲間を見つけることが大切」**とおっしゃっていました。

そうした社外の仲間は、会社の利害関係がないので本音で向き合えるでしょう。ただし、会社の上下関係がまったく使えないので、**「素の自分」で向き合わなくてはいけません。**そこがいいのです。「素の自分」が、会社外でどういう評価をされるか、何ができるかを試し、たまにはぶつかったりして、多様な人たちと付き合うのはある種のトレーニングになります。そして、そこで得た経験や知識を、「自分の仕事に使

社外の人とのネットワークが将来の自分にプラスになる

えないかな」と胸の中で醸成（だんだん形づくっていくこと）させることに大きな意義があるのです。

プロボノなど社外活動の経験を会社の業務にも活かす

あなたは、社外活動の経験を積むうちに、ひょっとして**「本当にやりたいこと」が見つかった**かもしれません。また、**「人に喜んでもらうこと」という経験を通じて、自分の生活が充実してきた**と感じはじめているかもしれません。

さらに、社外のネットワークが広がり、会社では得られなかった知識や経験を積むことができ、自分の中の何かが変化したかもしれません。おそらく、「何にもなかった」ということはないはずです。

あなたは会社の中で成長していきたいと思っているのですから、次は、その知識や経験を会社に伝えましょう。

実は、社外活動を通じて、社員自らが成長してくれることを望む会社も出てきています。たとえばロート製薬です。ロート製薬は「副業・兼業を解禁した」と話題になった会社ですが、実はそこに注目してほしくないという意図がロート製薬公式サイトに述べられていました。

「食、農業、再生医療といった新しい事業をスタートさせ、事業領域が拡大している中では、社員一人ひとりがこれまでの働き方を変えなければ、単に仕事にあてる時間や人数が増えるだけで、会社や個人の成長には繋がらないのではないかと考えました。（中略）本業あるいは本職場とどうバランスを取っていくのか、掛け持ちする双方の職場できちんと成果を出すにはどうしたらいいか——。はじまったばかりだからこそ、社員たちは悩みながら模索を続けています。『本質的に追及したいことは、社員の自立、そこに尽きます。兼業や部署兼務は、社員にとって決して楽な選択ではないはず。だからこそ成長につながるし、新たな可能性が生まれるきっかけになっていくものだと考えています。』」（２０１７年３月31日ロート製薬公式サイトより）

実は、**副業や兼業を行なうことは決して楽なことではなく、両方バランスを取って行なうことは社員の成長につながる**という内容です。そして、成長した社員によって、会社に新しいものを生み出してほしいというメッセージを感じます。

このような先進的な例は、なかなか少ないでしょうし、ロート製薬にしてもすべてがうまくいっているわけではないと思います。ただし、多くの会社が「このままではだめだ」「何か変わらないといけない」と悩んでいるのは間違いないことです。そんな中、あなたが社外から新鮮な知識やアイデアを持ち込み、自分の仕事と両立させていけば、活躍できる場が広がっていくのではないでしょうか。

4 「自立して活躍している自分」へのロードマップ

あなたは、好きなこと、やりたいことがあり、将来的には会社に頼らず、できたら自立して生活していきたい。でも、ちょっと待ってください。そうなるためには、**「滑走路」**が必要です。また、会社から自立するといっても、今、まわりにいる人たちが、助けてくれるかもしれません。

もしかしたら、あなたは会社の人たちに不満があるかもしれません。でも不思議なもので、**あまり付き合いのなかった人が、助けてくれたりすることがある**のです。独立志向があり、やりたいことがはっきりしているあなたは、本項の活動を参考に考えてみたらどうでしょうか？

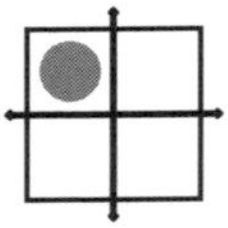

「好きなこと」「やりたいこと」が明確にある
できたら将来的に自分の力でやっていきたい

	会社	こうありたい自分
今すぐ	●毎日の仕事を効率化していこう ●会社の制度を調べてみよう	●情報収集をはじめよう ●「第3の場所」を探そう
▼	▼	▼
半年先ぐらい	●毎日の仕事をさらに効率化していこう ●会社の信頼できる仲間を探そう	●匿名の「こうありたい自分のキャラ」をつくろう ●活動を開始して収入を得てみよう ●ネットワークを広げよう
▼	▼	▼
少し先	●会社と自分の関係を整理しよう ●自立準備をはじめよう	●収入を自分に投資しよう ●「こうありたい自分」のスキルを高めて収入をアップしよう
▼	▼	
近い将来!	自立して活躍している自分	

090

毎日の仕事を効率化していく

あなたは、いつか会社との関係を見直したいと考えています。ただし、その日が本当に来るかどうか、今はわかりませんし、焦って決めて自分を追い込まないほうがいいでしょう。

ということは、当分「仕事はきちんとやる」のです。しかし、将来を見据えて、**できるだけ効率化して自分の時間を取れるようにする工夫は必要です。**前述のように早朝型の生活に変えることもいいかもしれません。

また、仕事の効率化とは少し違いますが、**「人付き合いの整理」**も考えましょう。なるべく、無駄な会社の付き合いを断っていき、夕方以降は自分の時間として自由に使えるように変えていくこと。さらには、逆に**「信頼できる仲間」**がいないかを探すことです。

74ページでも述べたように、会社の中に、「同好の士」がいます。それは別の部署の人かもしれません。今後、会社との付き合い方を考える時期に備えて、頼りになる同好の士を探しはじめましょう。

自分の身を守るために会社の制度を調べてみる

今すぐ辞めるなんて考えず、まずは「滑走路」をつくりましょう。でも、それができるまでは日々の仕事も頑張りましょう。「そのうちに……」なんて漫然とすごしていてはもったいないので、もちろん活動の準備もします。ただ、そういった自分の活動がペナルティにならないか、59ページで話したように、会社の制度を調べてみましょう。会社は意外と寛容だったりするかもしれません。そうすれば、焦らずに「滑走路づくり」の時間を取ることができるはずです。

「第3の場所」を探す

64ページで話した「第3の場所」は、あなたには絶対に必要です。それは、自立した後も利用するからです。前述の例は「会社を辞めないこと」を前提としていましたが、**「自立すること」を視野にいれているあなたには、「第3の場所」を持つことがさらに大切です。**

コワーキングスペースのような、**月々の契約で、いつでも解約できるもの**がいいでしょう。まだ、この時点で「自立すること」を条件にしないでもいいと思います。気が変わって、やはり会社を辞めずに両立させようとなった時は、解約するか、もっと別の方法で「第3の場所」を持てばいいからです。

そんな場所に通ううち、そこが「第3の場所」になっていったり、そこで「同好の士」を見つけられたり、何かのきっかけを得られることも少なくありません。

ネットで静かに情報収集をはじめる

これも61ページで話した情報収集の例と同じですが、あなたは将来的に「自立したいという気持ち」を胸に抱いています。いや、そこまで決めつけなくても、「独立志向」があるという表現でもいいでしょう。

そんなあなたには2つの方法があります。**「好きなこと、やりたいことをまずは副業として開始」する方法**と、**「やりたいことを事業化する勉強をはじめる」方法**です。

この2つのどちらかに絞るか、あるいは両方とも情報収集をすることをおすすめします。

(1)「好きなこと」「やりたいこと」をまずは副業として開始したい場合

あなたは「好きなこと」「やりたいこと」がはっきりしているし、将来的にはできたら自立したいと考えているのですから、もう副業としてスタートしてもいいでしょう。

匿名でできるものがおすすめです。たとえば、ビジネス系のことならば、**クラウドソーシング(不特定多数に仕事を依頼するシステム)**を利用して、匿名で仕事を請けられます。また、**スポットコンサル**といって、短時間コンサル案件を紹介してくれる仲介サービスもあります。

またクリエイティブなこと、たとえばイラストなど、作品やサービスを販売したいなら前述の**「ココナラ」**がいいでしょうし、写真作品を匿名で販売したいなら、**ストッ**

クフォトと呼ばれる仲介サービスがあります。また、自分の**オリジナル曲を販売**できるサービスもあります。クリエイティブなことをやりたいなら、何らかの仲介サービスがありますので探してみましょう。

では、サービス例を紹介していきます。

● **クラウドワークス**　https://crowdworks.jp/

クラウドソーシングの大手です。いろいろな案件があります。決して単価は高くありません。あくまで、自分のスキルを磨くため、自分の仕事力がどう評価されるのかを知るためにはじめて、待遇がよくなりそうだったら本格的に取り組むイメージです。

● **ビザスク**　https://service.visasq.com/

アドバイザーとして登録すると、いろいろなコンサル案件を紹介してもらえます。コンサル案件といっても、自分の得意な業界のことを、自分の知識や経験を基に話すことを求められることが多いので、そんなにハードルは高くありません。登録は氏名非公開で可能です。コンサルもスポットコンサルといって1時間が基本です。自分の知識や経験がどれぐらい役に立つのか、社外の人とやり取りすることが、まさに「滑走路」時代のトレーニングになります。

●ピクスタ　https://pixta.jp/

カメラでの撮影が好きな人向けの、自分が撮影した写真素材や動画の委託販売を行なうストックフォトサービスです。ただし、クリエイターとして登録するのは、ハードルが低くありません。かなり本気で取り組まなくてはいけませんが、そういう厳しさを知る意味でも挑戦するのはいいことかもしれません。

「スナップマート」や「写真ＡＣ」は、もう少しハードルの低い、気軽な写真投稿ができますが、価格的には安いので、トレーニングの意味合いで挑戦するといいでしょう。

スナップマート　https://snapmart.jp/

写真ＡＣ　https://www.photo-ac.com/

●**チューンコア日本法人**　https://www.tunecore.co.jp/

自分のつくったオリジナル曲を大手配信ストアに配信してくれる仲介サービスです。登録費がかかりますが、ｉＴｕｎｅｓやＡｍａｚｏｎなど世界１８５カ国以上の配信ストアに配信できるので、レコード会社を立ち上げた気分になります。

これらは登録（登録だけは無料がほとんど）してみて、内容をじっくり吟味することをおすすめします。また、ＳＮＳなどで評判を調べてみましょう。あくまで情報収集として登録するところからです。登録する時には「ありたい自分」のニックネームをつくりましょう。

(2)　「やりたいこと」を事業化する勉強をはじめたい場合

あなたはひょっとして、もっと先の自立を見据えて「滑走路」をつくろうとしているのかもしれません。そんな時は、「事業化」を検討してみたらどうでしょう。別にすぐ起業する必要はありません。起業を視野に入れて勉強し、ビジネスプランコンテストなどを目指すなど、目標を設けるのです。

繰り返しになりますが、すぐ起業しなくてもいいのです。ただ、それを前提に事業計画書などをつくると、自分のやりたいことが事業化できるのか、それで自分が自立してやっていけるのかを、より「自分ごと」として考えることができるはずです。

幸い今は行政が若い世代、シニア世代の起業を支援しています。行政の無料セミナーやスクール情報を見つけて、会社帰りに勉強してみたらどうでしょうか？

●**東京都創業ＮＥＴ**　https://www.tokyo-sogyo-net.jp

東京都が運営する創業情報のウェブサイトです。無料で起業相談ができる公的な施設、多くが無料の起業や創業に関するセミナー・イベント、資金調達の相談場所、インキュベーションオフィス（大学など関係機関と提携した起業支援施設）など、さまざまな支援メニューが紹介されます。まず、この中から、自分が興味を持っていることを探すことからはじめるのもひとつの手です。

●**Startup Hub Tokyo（スタートアップハブ東京）**　https://startuphub.tokyo/

前述の「東京都創業NET」のウェブサイトに記載されていますが、東京・丸の内にある総合的な起業支援施設です。無料の起業相談や起業に役立つセミナー、コワーキングスペースの利用などさまざまな支援メニューを受けられます。

●ミラサポ（地域の創業支援窓口・ビジネスプランコンテスト）

https://www.mirasapo.jp/

東京だけではなく、各地域に市区町村と民間の創業支援事業者（地域金融機関、NPO法人、商工会議所・商工会など）が連携して運営する地域のワンストップ相談窓口があります。「ミラサポ」という中小企業庁所管で運営しているウェブサイトの、「創業・起業」のコーナーで、「専門家に相談する」から「地域の相談窓口」に行くと、各都道府県の相談窓口が検索できます。

同じく、「創業・起業」のコーナーには、全国のビジネスプランコンテスト情報も載っているので、地元の情報を見てみましょう。

●地域の創業支援窓口　http://j-net21.smrj.go.jp/

もうひとつ、公的機関の情報収集としては「J-net21」という、これも中小企業庁所管が運営するウェブサイトがあります。

この中の「起業をする」のコーナーにある、「業種別開業ガイド」がとても充実しています。

たとえば「まつ毛エクステサロンを開く」とか「インテリア・コーディネイターになる」などの業種別に、「なるにはどうすればいいのか」「開業する注意点」「店を開くにはいくらかかるのか」などが、とても具体的に説明されていて、あなたの好きなこと、やりたいことがこの中にあれば、一度読んでおくと参考になると思います。

もちろん、現実はここに書いてあることがすべての人に当てはまるとは限りませんが、大枠をつかんでおくには、とてもいいコンテンツなので、おすすめします。

ここまで、「起業」という文字が並んでしまい、プレッシャーになってしまったならすみません。あなたはまだ情報収集の段階ですから、「そうか、起業しなきゃ」なんて焦る必要はありません。

ただ、こういう起業に関する公的サービスを知って、**他にも頑張っている人たちが**

いて、それぞれに、いろいろなアイデアを持っているということを「自分ごと」にするのが、将来の自立につながります。

むしろ**「起業」より「独立」あるいは「自立」**。〝自分の足で立つ〟ということをイメージしてみるといいでしょう。

活動を開始し収入を得る

会社での仕事は、引き続き力を入れて頑張りましょう。そして、情報収集し、いよいよ社外活動をする時のために、匿名の「こうありたい自分のキャラ」をつくりましょう。それは、あなたの将来自立する時のアイコンになるかもしれません。慎重に、真剣に、でも楽しんで考えてつくりましょう。

活動をはじめると、収入が入ってきます。基本的には自分への投資に使って、さらにスキルアップを目指すのですが、あなたはできたら将来は自分でやっていきたいという考えを抱いています。

もちろん自分への投資に使うのはいいのですが、より効果的な使い方、たとえば、情報発信のホームページを自分で作成したり（あるいは作成するスキルを身につけたり）、**自分が羽ばたくための滑走路を整備するのに使いたい**ものです。

また、収入額にもよりますが、会社の給与の振り込みと、個人の収入の口座を分けたほうがいいと思います。「もうひとつの仕事でいくら収入があった」「そのためにいくら支出があった」ということを「見える化」しておきましょう。

所得が年間20万円を超えたら確定申告の必要が出てきます。しっかり売上や領収書を管理しましょう。

活動をする中で、社外のネットワークを広げていきましょう。その中には、将来の自分のお客様がいるかもしれません。「ファンづくり」をしているという気持ちで活動していきましょう。

会社と自分の関係を整理する

あなたの社外活動は順調に回りはじめました。名指しで仕事を依頼してくれるお客様も出てきました。まだ、それだけで生活するほどの収入ではありません。でも、**「もう好きなこと、やりたいことだけに打ち込みたい……」という気持ちがわき起こっています。**そろそろ、会社との関係を整理する段階かもしれません。

もし、あなたがこれまで一所懸命に仕事をやってきて、ある程度評価されているのなら、会社はあなたに辞めてほしくないはずです（一方、仕事を頑張ってこなかった人は「整理する＝辞める」という道しかありません）。

どうしようもない会社だったら別ですが、会社や仕事に、少しでも愛着があるのなら、**「兼業」としての複業を会社に提案**してみてはどうでしょうか？

（1）会社に相談して「一週間に1日、別の仕事をさせてもらう許可」を得る

「平日のうち、どこか1日、自分の好きな仕事をさせてください！　その代わり、給与はその分減らしてもらっていいです」と相談してみる方法があります。

ここで、ついに会社にあなたが好きなこと、やりたいことをやっているということを打ち明けるのです。

もし会社があなたのことを必要であったなら、給与は減るけど何とか今の仕事を引き続き頑張ってくれよということになるかもしれません。

あなたがやりたいことが、社会貢献につながるなど、会社にとっても誇らしいことであれば、もしかして、給与はそのままで「やってみたら」ということになるかもしれません。

実際、兼業を認める会社が出てきているのは事実です。後ろを振り向かず交渉してみたら、意外に会社は認めてくれるかもしれません。

認めてくれなかったら……。その時は考えましょう。期限を区切って、本当に会社から去ることもあり得るかもしれません。でもそれは、最後の手段として取っておい

てください。そして、前述したように、会社の中の信頼できる同好の士に話してみてはどうでしょうか。とにかく、**すぐ辞めるのは考え直してください。**

⑵　会社に相談して「待遇を業務委託に変えてもらう」ようにする

会社からもらえる収入は大切です。でも、好きなこと、やりたいことは今しかできない。そこで、**会社の正社員の立場を辞めて、業務委託に変えてもらうように交渉してみるのです。**

業務委託とは、会社の業務を請け負ってお金をいただく立場です。ボーナスも社会保険もなくなります。つまり、非正規の立場になるのです。

「うわー。そんなのとんでもない……」と思うかもしれません。でもあなたは、自立したいと考えていたのですよね。だったら、会社をメインクライアントとして、安定した収入を確保する道を考えたほうがいいです。あなたにとっても慣れた仕事を任されるわけですし、会社としても同じ人に同じ仕事をやってもらえる上に、さらには人件費を抑えられます。

ちなみに、私がかつて働いていたリクルートはそういうことが得意です。リクルートを辞めた人間に業務委託としてリクルートの仕事を発注しています。その人がどれだけ仕事ができるかを把握していますし、イチから新人を教育しなくてもある程度リクルートのことはわかっている。しかも、社員で雇っていた時より安い人件費で生産性を上げられるのです。リクルートにとっても貴重な資源ですし、辞めた人間にとっても、収入が安定するまでは貴重な収入源になります。

その場合まずいのは、ずるずると会社に拘束されることです。そこは頑張って交渉し、自分が自由に働けて、一定の収入も確保して、好きなことに打ち込めるようにしましょう。

自立準備をはじめる

前述のように会社との関係を整理すると、あなたは一歩自立に踏み出したことになります。もちろん会社との関係は切る必要はありません。しかし、「自分でやっていくんだ」という人は、「個人事業主」か「法人」のどちらかを選ぶことになります。

(1) 個人事業主とは

つまりフリーランスです。会社との関係を見直して「業務委託契約」になった人は、もはやフリーランスです。**確定申告も必要**になります。

同時に、自分がやりたい仕事を「看板」にできます。地元の税務署に、たとえば「HARUN堂」という屋号を届け出ればもう手続き完了です。

こういった時のために、98ページで述べたような起業相談や起業セミナーを受けておくと、有利な補助金制度などを教えてもらえるのです。今からでも遅くはありません。情報収集したほうがよいでしょう。

(2) 法人とは

「株式会社」「合同会社」「一般社団法人」などのことです。あなたが代表になって法人をつくるのもひとつの手です。司法書士などに依頼して、**だいたい30万円ぐらいで設立登記の書類を作成できます。**

クリエイティブ系やアート系などの人はあまり関係ないかもしれませんが、ビジネス系で自立してやっていきたい方は、法人を持つと、企業相手の取引がしやすくなります。

はっきり言って、大企業は個人事業主と仕事をしたがりません。法人口座を持っていないと取引してくれないことが多いです。個人に仕事を頼むのはリスクが大きいと考えているのが一番だと思います。それは少し変だと私は思うのですが、日本で仕事をする以上、現状ではそういう傾向があります。

ちなみに、「合同会社」は比較的安価に会社を設立することができますので、ひとりでやっていくにはこれで十分かもしれません。こういったことも、98ページで述べたような公的な起業相談窓口で相談に乗ってくれますので、やはり一度は行っておくといいですね。

また、自治体の創業支援制度に基づいて起業し、法人をつくろうという時には、登録税が安くなりますので、そういったことも含めて、使えるものは何でも使いましょう。

金融機関との付き合い方

自立して独立・起業に向かおうという方は、金融機関との取引を考えたほうがいいと思います。多くの人は、都市銀行などの銀行口座を持っているでしょう。法人をつくる場合、否が応でも法人口座をつくらなくてはならないのですが、たとえば地元の信用金庫などに相談して、自分の事業用の口座をつくり、定期積金などをはじめたらいかがでしょうか?

信用金庫は、定期積金をすることをとても喜びます。そうやって付き合っておくと、貯金は貯まるし、たまに有益な情報をもらうこともできます。私の場合も、信用金庫が有利な融資を紹介してくれて、随分助かったことがあります。

また、「小規模企業共済」といって、個人事業主や小規模事業者の法人が加入すると有利な積み立てもあります。あまりあれこれと焦る必要はありませんが、どこかひとつ顔なじみの信用金庫を持っておいて損はないはずです。

もうひとつ、マイナスの情報を話すと、大手企業に勤めていた人が会社を辞めて個人事業主になると、金融機関からの信用がぐっと下がります。

私自身はこれからの日本社会の状況を考えると、住宅を購入することには否定的なのですが、もしマンションなどを買う予定があるのであれば、会社を辞めないでいるか、あるいは辞める前にローン審査に出さないと、住宅ローンが通る確率はぐっと下がりますのでお気をつけください。

「こうありたい自分」のスキルを高めて収入をアップする

これはもう言うまでもないことでしょう。今後は自分の生活設計に影響があるのですから、スキルを高めて、収入を上げていくことに勤しみましょう。

といっても、好きなこと、やりたいことで働くわけですから、きっと頑張っていけると思います。

5 「人に喜ばれることで自立する自分」へのロードマップ

あなたは特にやりたいことがはっきりしていませんが、会社には長く頼りたくない。将来的には自分の力でやっていきたい。

このように、好きなことややりたいことが明確ではないならば、**「人に喜ばれること」をしたらどうでしょう。**それはとてもすばらしいことです。でも、**生活も支えていかなくてはなりません。**今、そんな人を求めている組織がたくさんあります。会社で安定的な生活費を稼ぎながら、まず情報収集をしましょう。

「人に喜ばれること」のエネルギーを知っていますか？

ここで解説をつけ加えたいと思います。本書では、はじめからずっと、特に好きなこと、やりたいことがない人に「人に喜ばれること」をすすめています。どうして「人に喜ばれる仕事」がいいの？　と思うでしょう。

私は、いろいろな業種で起業したたくさんの人にお話を聞いてきましたが、よく出てくるのが、**「人に喜ばれることがこんなにうれしいとは思わなかった」**という言葉です。

たとえば、大きな会社でかなりの給与をいただいていた人が起業して、移動販売車でお弁当を売る。そして、買ってくれた人に商品を直接手渡す。そこで「おいしい」と喜んでもらえたことが、お金で得られない喜びだと言うのです。

実は筆者である私も、相変わらず会社経営の他に複業をしています。関東経済産業局と信用金庫を中心とした金融機関が、地域の中小企業、特に小規模事業者の支援をする「マネジメントメンター」という制度があり、複業のひとつとして5年前から登録して活動しています。

活動としては、主に埼玉県と東京東部の中小企業の支援に赴き、インターネットを活用した販売促進の指南を中心に行なうのですが、これが支援に行くと喜んでいただけるのです。もちろん無料ではなく、国から報酬が補助されるのですが、それは実費に毛が生えた程度です。それでも、**相手に喜んでいただけると、本当に自分のエネルギーになります。**

私が携わっているのは、どちらかというとシニア世代向けの有償ボランティアで、読者の方にはあまりピンと来ないジャンルかもしれません。ただ、お金だけではない仕事の喜びというものが本当にあることを知っていただきたいのです。

たとえば私は、その活動に携わることで、今までご縁のなかった地域やそこに暮らす人々や業界を知ることができ、**それをまた本業に活かせています。**

ただし、私には会社経営という本業があり、そこからの収入があります。若い世代のあなたは、「人に喜ばれること」だけで自立できるかというと、なかなか心配なところがあります。現実的なやり方をここから一緒に考えていきましょう。

毎日の仕事を効率化し、会社の中のキーマンを探す

あなたは、やはりいつか会社との関係を見直したいと考えています。それでも当分

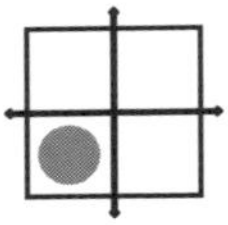

「好きなこと」「やりたいこと」がはっきりしていない
できたら将来的に自分の力でやっていきたい

	会社	こうありたい自分
今すぐ	●毎日の仕事を効率化していこう ●会社の中のキーマンを探してみよう	●地元や社外のキーマンを探してみよう
▼	▼	
半年先ぐらい	●毎日の仕事をさらに効率化していこう ●少しずつ自立の準備をはじめよう	●地元や社外のネットワークに参加して「起業したい仲間」を見つけよう
▼	▼	
少し先	●会社と自分の関係性を整理しよう ●会社と両立できないかもう一度考えよう	●仲間の起業に参加して手伝って、キャリアチェンジのチャンスを待とう
▼	▼	
近い将来!	人に喜ばれている自分	

は仕事をきちんとやる。しかし、将来を見据えて、できるだけ効率化して自分の時間を取れるようにする工夫は必要です。人付き合いの整理もして、なるべく、無駄な会社の付き合いを断っていき、夕方以降は自分の時間として自由に使えるように変えていくことと、逆に「信頼できる仲間」がいないか探すことです。前述のように、会社の中に、「同好の士」や「理解者」がいます。頼りになる同好の士を探しはじめましょう。

特に、あなたは好きなこと、やりたいことがはっきりしていないのですから、キーマンを探すことです。キーマンとは、自分の進路をガイドしてくれるような人です。本当は本書がその役目を果たせればいいのですが、やはり、実際に働く会社の中で、口の堅い、そして何か夢を持っている人、またはそういう集まりを探してみましょう。実際に話せる人がいると、心強いものです。

地元や社外のキーマンを探す

あなたが今やることは、仕事を頑張ることと、キーマンを探すことです。特に、地元や社外のキーマンを探してみましょう。もし、**面白そうな人がいたら、その活動に参加して手伝うとネットワークが生まれてきます。**

その中で、「自分には何ができるか」「どうしたら多くの人に喜んでもらえるか」というものを見つけられるはずです。そういうキーマンは、またいい人的ネットワークを持っています。そんな中で**少しずつネットワークを張り巡らせていく**ことからはじめてみましょう。

また、**社外のキーマンを見つける場所自体を探す**方法もあります。

「自立」が心の中にある人は、本格的に技術を身につけるため、スクールへ行ったらいかがでしょう？　たとえば、会社終業後、スクールに通います。お金はかかりますが、自分への投資と考えるのです。一例を紹介します。

●**ケイコとマナブ**　https://www.keikotomanabu.net/

スクールを検索できます。エリアやジャンルで探せるので、「まずどんなものかな」と、種類や相場を調べてみるのにもいいと思います。

● 東京都TOKYOはたらくネット

https://www.hataraku.metro.tokyo.jp/zaishokusha-kunren/index.html

行政の職業訓練制度を見てみるのもひとつです。たとえば東京都では、「在職者向け職業訓練」などを提供しています。在職者向けですから、土日や夜間の講習が中心となっていて、今すぐにでも申し込みができます。

こういったところに通って、自分に合ったところを探すと同時に、会社とは違う仲間や「第3の場所」を見つけることもできるはずです。

少しずつ自立の準備をはじめていく

会社でキーマンが見つかりアドバイスを受けたり、地元や社外にネットワークができたりして、少しずつ業務外の仕事に携わるようになってきたら、もっと日々の仕事を効率化しなくてはなりません。頑張りましょう。

あなたは自分の好きなこと、やりたいことというより、他人を応援したり、その中で誰かに喜んでもらったりすることを仕事にしていき、それで自立することが将来の「あるべき姿」に近いのではないでしょうか。

ここで問題なのは、**「自立」**ということです。つまり、**会社の給与がもらえなくなり、果たして、その「あるべき姿」だけでやっていけるか**という問題が立ちはだかります。

そうすると、ひとつの方法として、104ページで述べたように、会社との関係を見直し、最低限度の収入は会社から獲得することを考えることになります。

また、**キーマンとして「起業する仲間」を見つけ、その中に加えてもらえれば、環境は大変かもしれませんが、その中で働き、収入を得ることが可能になります。**しかし、これは多少ギャンブルです。どんなキーマンを見つけられるかに成功はかかっています。

リスクのことばかり言うときりがありませんが、「起業する仲間」の一員に加えてもらい、一緒に夢を見るところからスタートしたらどうでしょうか？　その間はもちろん、会社を辞めないほうがいいです。

もう時効だと思いますので、筆者の20代の頃の経験を述べます。渋谷の古いアパートに毎夜集まっていたサラリーマンたちがいました。業種は出版社、印刷会社などさまざまで、みんなで起業しようという20代～30代の仲間で、もちろん全員会社には内緒でした。

私はリクルートで働いていた頃ですが（リクルートの社内にも終業後、勝手に集まって起業の話をするという傾向がありました）、その仲間たちに呼ばれて末席に座り、時々意見を求められました。結局、私はその起業には参加しなかったのですが、とてもいい経験になりました。その会社は立ち上がったものの、うまくいかなかったのですが、それでもそこでできた人間関係やつながりが、その後のそれぞれの独立や起業につながっていったようです。無駄なことはないのです。

本書を読んでいる方も、起業なんて考えていないかもしれません。それでも、「起業する仲間」の隅っこで話を聞くのは、とてもいい経験になることだけは伝えておきます。

会社と自分の関係を整理する

104ページで述べたように、「週に1日」「業務委託」などと会社との関係を見直す時期が来ます。しかし、あなたは、好きなこと、やりたいことではなくて、自分が見つけたものを頼りに自立しようとしているわけで、はっきり言えば少しリスクが高いです。

ですから、会社に交渉する際は、いいところ**「週に1日、社外活動を認めてもらえないでしょうか」**という程度にとどめておく、つまり、次に述べるように、自立を急ぐのではなく、「会社の仕事との両立」をもう一度考えてはどうでしょうか？

会社と両立できないかもう一度考えよう

自立を急がずに、もう少し会社の仕事と両立できるように考えてみましょう。会社が嫌で仕方がないとか、会社に大きな問題があるというならば別ですが、今その立場

会社と両立することがよい選択になることもある

を失ってしまうより、両立を考えたほうがいいのです。

次章で、5名の事例を掲載しますが、まだまだとはいえ、少しずつ会社側も聞く耳を持ちはじめています。先が見えない、予測しづらい今の状況の中で、毎月の安定的な収入とボーナスがあるという立場は、簡単に手放さないほうがいいです。

〝大人〟な意見でがっかりするかもしれませんが、**会社はそう簡単にあなたのことをクビにはできません。**ローリスクな「静かな複業」を考えましょう。

4
章

「静かな複業」を実践する人たちに聞きました

―― 自分だけの複業スタイル ――

1

IT企業のマーケティング担当として働き、子育てしながら週1回農業NPOで働く釘宮葵さんの複業スタイル

マーケティングと子育て、そしてNPOで働いています

東京・市ヶ谷のIT企業、株式会社ラソナでマーケティング担当として働く釘宮葵さん。二児の子育てをしながら、日々顧客に提案活動を行ない、マーケティングを担当している30代女性です。そんな釘宮さんは、毎週水曜日には、埼玉のNPO法人「のらんど」で農業と福祉に携わる仕事をしています。

営業やマーケティングの仕事をするだけでもなかなか大変な日々だと思います。でも、そんな中でもNPO法人でも活動し、子育てもしっかりやっています。どうやっ

て2つの仕事を両立させているのでしょうか？

毎週水曜日はＮＰＯ法人で農業イベントの企画・運営を

「6年ぐらい前でしょうか。初めは友だちと週末に農業みたいなことを楽しんでいました。その農地が、今お手伝いしているＮＰＯ法人（当時はまだ法人化前）の福祉施設と同じ敷地内にありました。そこは農業を通じて、障害のある人もない人も、共に生きられる地域づくりを目指していたんですね。

ところが福祉施設を手伝っていた学生が卒業していなくなり、人手が足りなくて困っていたのです。そこでやってみたいなという気持ちが芽生えて、会社に『週1日、そこを手伝ってあげたいんです』と相談しました。そうしたら会社が認めてくれて、毎週水曜日はそのＮＰＯ法人をお手伝いすることになったのです」

――会社が認めてくれたのですね。

マーケティング担当として活躍する釘宮さん

「でも、クライアント相手なので、畑にいても電話がかかってきたり、メールを送らないといけなかったり。基本水曜は会社に来ませんと社内に周知して、だんだんバランスを取って。またクライアントによっては、『水曜だけは地域の仕事をやっています』と伝えていくことにしました」

――6年間も続くと思いました?

「そんなことは考えもしていませんでした。でもとにかく楽しかったんです」

〝農業〟という切り口はパーソナルブランドにも活かせているかも

――どうやって両立させているのですか？

「最初の頃は、私が週に一度会社にいないということに慣れていなかったので、仕事が詰まって火曜日に徹夜したりしていたんですが、だんだん自分もまわりもわかってきて、配分がうまくできるようになりました」

――それからお子さんも産まれたんですよね？

「はい。今は時短勤務で働いています。時短な上に週4日勤務。かなりイレギュラーですね」

――いい会社ですね。

イベントでは参加者との交流が何よりも楽しみ

「はい。でも正直に言うと、あまりにNPOが楽しくて、そっちでやろうかなと悩んだ時もあるんですけど、**逆にパラレル・キャリア（本業を持ちながら第二の活動を行なうこと）であることが、強みなんじゃないかと思い直しました。**

仕事をしていく中でも、私自身のパーソナルとしても、『面白い人ですね』と言ってもらえることが増えてきて、どっちにも活かせるんじゃないかと。

また、自分の考え方も柔らかくなってきました。NPOの仕事では、ふだん会わないような人と出会います。そこで固定観念が崩されることがあるんです。たとえば、

『フェイスブックって何？』と聞かれて、できるだけわかりやすく説明しなくちゃいけないとか。ふだん使わない頭を使うので、『ああ、こういう風に伝えればよかったのかな』とか会社に戻って仕事をする時にも役立っています。だから、できるだけ複業を続けていきたいと考えが変わりました。

女性は特に出産や介護などでイレギュラーな働き方をする機会が多いので、いろいろなパターンに対応する能力があると思います。ひとつの仕事だけより、いろいろな仕事を組み合わせたほうがはまる場合もあるんじゃないでしょうか」

―― 収入は減ったわけですか？

「週5日から1日減って、単純に五分の四になりました。でも、NPOからも最低保障の時給ぐらいはいただいています。ちゃんと確定申告もしていますし」

適職と天職。天職は見返りがなくてもいい

――この2つをどう両立させているのですか？

「自分の中では自然に両立できていますね。何かで読んだんですけど、天職はやっていて楽しいことで見返りを求めるものではない、適職は自分のできることでお金をいただけるものだと。それで言うと、私にとってラソナでの仕事は〝適職〟で、NPOの仕事は〝天職〟ということかなと。

あと、リフレッシュできます。**月・火と2日はウェブの仕事、水曜はNPO。そして木・金はまたウェブの仕事で、週末というサイクルが働きやすく感じています。**間にワンクッション挟んでいるのがちょうどいい感じです。

ずっとウェブ関係の仕事をしてきましたが、週末はパソコンを開きません。なくてもいいくらいです。ウェブの知識も経験もあるけど、大好きで常に触れていたいというものではないです。だからこそ、NPOがあることでバランスが取れているんですね」

――旦那さんはどう思っていますか？

「複業でやっていけばいいんじゃないって言っています。むしろダブルでやっていったほうがいい。そんなことを許してくれる会社なんてそうそうないからと」

――それは釘宮さんが会社にとって必要な人材だからということもあるんじゃないですか？

「いえ、営業やマーケティングの仕事もまだまだで、もっと成長していかなくちゃいけないんですけど……。本音を言うと、編集とかライティングのスキルも身につけていきたい。少しずつそっちのスキルも学んでいきたいなと思っているところです」

――会社は10年目ですか？　それぐらいの時期に、いろいろ考える人は少なくないと思うんです。これから複業をしていきたい人にアドバイスはないですか？

畑にいる時はとても楽しい

「複業をするなら、好きなことをしたほうがいいと思います。それで稼げなくても。自分がやりたいことを、**できることからはじめて、だんだん仕事にしていけばいい**んじゃないでしょうか。いきなり高い目標を立てるのではなくて、できるところからちょっとずつ」

――もし、ここに「好きなことがあって会社を辞めてやりたい」という後輩がいたらどう言います？

「続けられる環境なら複業でやったほうがいい、と言いたいです。ひとつに絞らず、どっちの自分も活かせるように考えましょうと」

――その後輩が、釘宮さんのように、「好きなこと」が楽しくなって、平日も1日使いたいと思うようになったら？

「まず思い切って会社に話しましょう。何か道はありますよ」

本業で頑張っていたことも認めてもらえる要因だったかも

――そういう釘宮さんも会社に話す時はドキドキしませんでしたか？

「かなりドキドキしました（笑）。でもその頃、取り組んでいたことの成果が少しずつ出ていた時でした。それで、上司から『よく頑張ってるね。何か要望とかない？』と聞かれたんです。〝それなら！〟と提案してみたら『ほう、なるほどね。それは新しい働き方だよね』と理解していただいて」

――いい会社じゃないですか。2014年頃の話ですよね？　今でこそ複業の話が出てきていますが、その時期に理解してくれたのは先進的な会社ですよね。

「会社としても、いろいろな人材を採用していきたいと考えはじめた頃だったんだと思います。スキルややる気は変わらないのに、子育てや介護、その他のいろいろな事情でフルで働けないということは誰にでも起こります。そこを柔軟にすることでいい人が採れるなら、会社としては門戸を開くという風土があるんです。とはいえ、イレギュラーな働き方を認めてくれた会社には感謝しかないです」

――将来はどう考えていますか？

「しばらくはこの複業スタイルを続けたいです。いつになるかわかりませんが、障害のある人、高齢者、子ども、お母さん、みんなが「お互いさま」でいられて、助け合える『場所』をつくりたい。たとえば、老人ホームだと高齢者が助けられるだけの存在じゃないですか。そうじゃなくて、老人の散歩に子どもがついて行き、子どもの配膳を障害のある人が手伝うような、**お互いが助け合い、みんなが自分のできることを提供し合っていられるような『空間』をつくりたいな。**その中で私もできることをやれたらいい。ウェブサイトをつくったり、広報をしたりですね」

◇　◇　◇

釘宮さんは、楽しかったから続けられたと言っています。もちろん、その通りなのでしょうが、やはり両方のバランスを取るまでは、かなり苦労されたと感じます。

ポイントは、釘宮さんが**本業で頑張っていたからこそ、会社が認めてくれた**こと。また、自分の「好きなこと」のパーソナルイメージをうまく活用していることでしょう。お客様目線でも、単に売り込みにばかり来る営業マンより、仕事のかたわら地域の活動に取り組んでいる人のほうが強い興味を持ってもらえるのではないでしょうか？

「静かな複業」の代表例にしたい釘宮さんの事例でした。

2

サイボウズ人事マネージャーであり、他社でも風土コーディネイターとして働く松川隆さんの複業スタイル

人事部マネージャー自ら複業を実践しています

企業向けのグループウェアと業務改善サービスの提供で知られるサイボウズ株式会社。同時に同社はユニークな人事制度で知られていて、社員の副業も許可しています。ユーチューバーになったり、農業に勤しんだり、カレーを極めようとしたり、会社以外のさまざまな業務に社員が取り組んでいるのです。

そんなサイボウズのユニークな人事制度、チームワーク力の高め方などを学ぼうと考える大企業も少なくありません。そこで同社は、「チームワーク総研」という新規事業をスタート。サイボウズ流の企業研修プログラムを他社に提供しようと動いてい

サイボウズ人事マネージャー松川さん

ますが、その講師を務めているのが、人事部マネージャーの松川隆さんです。

松川さんに話を伺おうとすると、サイボウズの名刺と別の名刺を差し出されました。そこには、老舗の大手デザイン商社の名前と、「風土コーディネイター」という肩書きが記されています。松川さんは、サイボウズの人事部と新規プロジェクトを兼務しながら、もうひとつ、デザイン商社のメンバーでもあるのです。さすが、サイボウズ。人事部のマネージャーから「複業」を実践しているのですね。

週に1日は別会社、「給与は五分の四にしてください」

「僕は、**『週4宣言』**をして、週に1日、デザイン商社で人事系の仕事、たとえば会社の風土づくりなどのお手伝いをしています」

――そうすると、給与は五分の四になるということですか？

「本来、うちの**給与の決め方は『市場価値』**で決めます。会社に出る時間が五分の四でも五分の五だと評価されれば給与は変わらないということです。ただし、自分はちょっと前例のない形で今のデザイン商社での仕事をはじめたので、どうしようかなと上司に相談して、給与は五分の四にしてもらったのですよ」

――前例のない形と言いますと？

もうひとつの会社で働く松川さん

「実は、そこは**サイボウズのお客さんだったのです**。社長が僕の親友だという特殊な事情はありますが、最初はサイボウズのような会社風土をつくりたいということで、僕がサイボウズの業務として定期的に伺っていました。もちろんサイボウズの売上として会社にお金が入っていました。ところが1年ぐらいたったところで、デザイン商社の社長から指名されたんですよ。『サイボウズとして契約していると、サイボウズのことしか話せないだろう、もっといろいろ他の君の知見も聞きたい』ということです」

――それはふつう会社が許しませんよね。

「いくら副業を許可されている弊社でも、レアケースだったので、経営会議にかけられましたね（笑）。ところが、社長が『それでどんな問題があるの？』と出席者に聞いて、『別に問題なさそうだよね』と認められたんです」

自分がリスクを負ってやるもの、会社への環流は考えず自由に好きなことをやれば

――そんなことが許されるのですね……。それで、また給与の話になってしまいますが、サイボウズの給与は五分の四にしてもらったわけです。残りの五分の一分働いているデザイン商社からは、それを補う分の収入は得られているのですか？

「そうならなかったら絶対やらないですよ。まずぼくの奥さんが許すはずがない（笑）」

――その五分の一分の業務で得たものはサイボウズの仕事に活かしているということはあるのですか？

「役に立っていると思います。でも、それはたまたま両方同じような仕事だから。副業は自分の責任においてある程度のリスクテイクをしながらやるものだと思うので、本業の会社に環流するなんてことは考えずに、そっちは自分の好きでやればいいと思います。ただし……」

——ただし？

「問題は五分の四としているサイボウズから、『どうもチームのメンバーとしてだめだな』とか『五分の四の価値もないよね』と判断されたなら、それは甘んじて受け入れなくてはなりません。なので、そうならないよう、サイボウズの仕事でも努力しないといけない。そこはシビアです」

そもそも複業なんて思ってもいませんでした

――松川さんはそもそも複業してみたいと思っていたわけですか？

「いえ。まったくなかったのです。僕は体育会系でむしろ古風。組織に100パーセント尽くさないやつは裏切り者だと思っていました。転職組なので、わけのわからないしがない40歳の自分を受け入れてくれたサイボウズに感謝して、ここで一生を終えるぞと誓いました」

――なんでこんなになっちゃったんですか？（笑）

「2012年、サイボウズが副業を解禁して、他の人がやっているのを見ていたら、だんだん『これはすごいことかも』という思いがわいてきて。しかも、目の前に仕事が舞い込んできたわけですよ。自分を指名して。しかも彼は僕の親友です。**これは僕**

にしかできない仕事だと、はじめて『自分ごと』として副業に目覚めたんですね」

――意気に感じたわけですね。

「人生は1回きりです。そんな中、こんな不思議な会社（サイボウズ）に勤めさせてもらって、こんなことにチャレンジできるんです。もしもだめでも元に戻るだけです。実は一度、テニススクールを開業しようとして、うまくいかなかったことがあるんです。『サラリーマン人生とおさらばだ！』といったものの、路頭に迷いそうになって」

――その経験が活きているわけですね。

「**いきなりドーンと独立するのではなく『のりしろ』を見ておくといい**と思います。新しく興味がわいたことには、『のりしろ』を調節しながら、チャレンジしていくことでしょう。賭けごとでいえば、フルベットするのではなく、少しずつ賭けていき、軌道に乗ったら思い切って離陸すればいいと思います」

人に喜ばれるのはめちゃくちゃうれしいことです

――サイボウズ、デザイン商社、両方とも一所懸命やられていると思います。それは大変じゃないですか？

「大変？　いや……。**やりがいにしかなっていないです。自分の経験がどちらにもすごく活きる。**あまり会社には環流しないなんて言いましたが、サイボウズのチームワーク総研という僕のチームは、いろいろな会社と仕事をするわけです。チームのみんなに、副業の経験値として『簡単にはいかないものだぞ』と話すと、いい実例としてみんな受け入れてくれます」

――最後に、こうして「複業」をやって何がよかったですか？

「自分ができることと、相手がやってほしいことが合致した場合って幸せですよね。

人に喜ばれることはうれしいと語る松川さん

僕の銀行員時代とかを思い浮かべてみても、やりがいを見失っていたことがありました。今は年齢も45歳を過ぎて、これから先のことを何となく考えてみます。子どものこととか住宅ローンとか見えてくることがあるじゃないですか？　50歳、そして60歳になっていく。その中で、**この副業を通じて、『自分が人の役に立つこと』の準備ができている。**こういう環境に置かせてもらえて、もう幸せ過ぎて（笑）」

――人に喜ばれるってうれしいですよね。きれいごとじゃなくて。

「めちゃくちゃうれしいですよ！」

五分の四はサイボウズ、五分の一はデザイン商社。それぞれ全力をつくす松川さんですが、こんなことができる会社というのは珍しく、あなたには「縁のない世界」のことだと思えてしまうかもしれません。

◇　◇　◇

ポイントは、松川さんが正直に会社に相談したところです。会社のお客様の仕事を個人で請けるというのは、いかに自由なサイボウズであっても、なかなか正直に申告できないことでしょう。下手すると処分される会社もあるでしょう。

もちろん、申告した松川さんもすばらしいけれど、それを受け止めて、自由にさせてくれ、しかし評価はシビアに行なう、次世代の働き方を実行する会社だと思います。自由にやっているように見えて、松川さんの言葉の端々には会社への思いがにじみ出ていました。

3

プロボノ活動で感じた社会課題解決プロジェクトを会社の事業として立ち上げた河田浩司さんの複業スタイル

会社公認どころか会社の事業としてのパラレル・キャリア

82ページで、プロボノという働き方があると説明しました。今回ご紹介するのは、コンサルタントとして働きながら、プロボノ活動で社会課題を知り、それを「自分ごと」と受け止めた上で、社会課題の解決に向けて支援する事業に仕立てて会社に提案し、新規事業として立ち上げた方をご紹介します。

河田浩司さんは、株式会社アールアイの取締役／コンサルタントとして忙しく働いています。また、同時に訪問看護ステーションの設立支援や運営支援を行なう、株式

いくつもの名刺を持つ河田さん

会社の取締役として事業を切り盛りしています。しかも、そのホウカンＴＯＫＹＯビジネスサービスは、自社（アールアイ）の社長に相談し、新規事業として事業計画を立てて、出資者に提案して共同設立した会社なのです。ですから、河田さんの複業は会社の公認どころか、会社の事業でもあります。どうして、そんなことが成立したのでしょうか？　河田さんにお話を聞きます。

「世の中の価値観が変わった」と転職を決めました

「超高齢化社会を迎える中で、訪問看護ステーションの重要性はとても高くなっています。訪問看護ステーションとは、かかりつけ医師と連携して、看護師が自宅を訪問して療養生活のお手伝いをするところです。でも、実情は零細な訪問看護ステーションが多くて、事務処理に追われていることを知りました。利用者獲得のための営業活動や看護師採用など看護以外の仕事がいっぱいあって大変なのです。

そもそも看護師さんが何人か集まって独立したようなところも少なくなく、事務処理や採用なんてやったことがない人も多いのです。そこで、ホウカンＴＯＫＹＯビジネスサービスは訪問看護ステーションの事務処理や営業代行、レセプト請求業務を代行する仕組みを提供しています」

――本業はコンサルタントなんですよね？

「はい。２００９年から株式会社アールアイに勤務しながら、ホウカンＴＯＫＹＯビジネスサービスの仕事をしています。この2枚の名刺の他、サービスグラント（プロボノ）のフェローの名刺を持っています。ビジネススクールの講師もしています」

――まさに複業ですね。そもそもどういう経緯で今に至るのでしょうか？

「親が通信関係に勤めていたんです。その影響もあって大学を卒業し、最初は大手通信会社に入社しました。ところが、すぐ別の会社に合併されます。その時、価値観が変わりました。**今後、同じ会社で一生安穏とすごすなんてことはないだろうな、自分という個のスキルをもっと磨いて、どこでもやっていけるようにしなければ**と考え、独立志向が生まれたんです。

それで、すぐ通信会社を辞めて大手ＩＴ企業に転職しました。最初5年は営業、残り5年はコンサルタントとして働いたのですが、当たり前ですが、どうしてもＩＴ企業なのでＩＴに縛られます。ＩＴはひとつのツールではあるけれど、もっと他にやれることがあるのではないか、**自分の信じるところでコンサルティングをやりたい**という思いがあって、半ば独立したような形で先輩の会社に合流したのです。それが今のアールアイです」

——自分の信じるところでコンサルティングをしたいという気持ちがわき上がったのですね。

「コンサルタントを長くやっていると、『本当にこれは世の中のためになっているのか』、つまり自分のスキルや経験が本当に世の中のためになっているのかという疑問がわいてきて、社会貢献できることはないのかと社長と話したのです。

じゃあボランティアに従事しようかと社会貢献のあり方をいろいろ調べてみました。たとえば『災害ボランティア』、これはもちろんとても大切で志の高いことなのですが、自分たちの強みが活かせません。その中でプロボノという働き方があるのを知って、**これはコンサルタントのキャリアがそのまま活かせるし、社会にインパクトを与えられるかもしれない**と思い、2014年にプロボノ活動をはじめました。

プロボノに参加して思ったのは、『やっていることは仕事と変わらない』ということ。

いろいろな調査をしたり、整理したり、課題をまとめてどう解決していったらいいか考えたり、コンサルタントのスキルをそのまま使えるという点です」

プロボノ活動で社会課題を自分ごとに感じました

―― 逆に、プロボノでの経験が自分の本業、つまりコンサルタントに役立ったということはありますか？

「お年寄りのお話を聞く時は、コンサルタントの時のように、パッパッと話をさばくわけにはいきません。話があちこち飛びますからね（笑）。そういう時に傾聴しながら、どうまとめるかなどの能力が養われたりします。それをまたビジネスに持って帰ると、より深く聞くように、**血の通ったコンサルができるようになった**と感じました。より深く話を引き出せるようになるわけです」

―― プロボノ活動で感じたことを教えてください。

「ＮＰＯ法人の方々は、思いは強いのですが、ノウハウは持ってらっしゃらないことが多く、すぐこちらの考えを受け入れてくれました。そして喜んでいただけました。また、プロボノ活動に集まってくる人は優秀な人が多くて、参加していて純粋に楽しかったですし、しかも役に立って感謝してもらえます。

初めて支援したＮＰＯで『利用してくれた人が増えた』という成果にもつながって、達成感がありました。そんな中、訪問看護に触れたきっかけもプロボノでした。東京都下で介護予防の取り組みをやっている団体のお手伝いをしたのですが、『高齢者の方はこんな風に考えているのか』ということを自分ごととしてとらえました。それまでは、自分はまだ若い世代で、高齢化社会と言われてどこか他人ごとだったんですね。しかし、その団体はしっかり活動しているんだけど、行政の支援、リソースとどこか噛み合っていない。そこをわれわれがプロボノという形で入って、事業評価という形で整理しました。立派な活動をやっているということを可視化したんです。

その過程で、**『高齢化というのはいろいろ言われているけれど、ビジネスの仕組みを使えば解決できることがいろいろあるな』**と感じました」

訪問看護ステーションについて説明する河田さん

――社会課題が「自分ごと」になったわけですね。

「もうひとつきっかけがありまして、アールアイの社長の同期がたまたま訪問看護ステーションをはじめて、コンサルタントとして少しお手伝いしました。こっちでプロボノをやりながら、こっちで訪問看護のお手伝いをしつつです（笑）。そうしたら、長いお付き合いの方から新しい事業をやりたいというお話をいただきました。そこで、社長に相談し、事業計画を自分がつくり、その方に提案したら同意していただき、共同出資を行なって、ホウカンTOKYOビジネスサービスをつくったのです。業務委託を受ける形で、私がそこで仕事をしているわけです。今、一番時間を使っているのはホウカンＴＯＫＹＯビジネスサービスですね」

次の課題を見据えて大学院に通っています

――プロボノで感じた社会課題の解決を、自らの仕事に結びつけることができたのですね。

「社会課題ってよく言いますけれど、実際に現場に出てみないとわからないことが多いと思います。プロボノはまさにその現場に立つ活動なので。

そして、今考えているのは、看護だけでは終わらずに在宅医療の仕組みそのものを変えていく必要があるのではないかなということです。訪問看護というのは病院のベッドが家のベッドに変わり、それだけではだめで訪問看護ステーションにナースステーションの役割を果たしてもらう。今はそこまでしか仕組みがありません。本当は専門医がいて、ソーシャルワーカーがいて、そして看護師がいて、同じ患者に対応するべきだと思うのですが、今はバラバラになっています。これを統合していく仕組みが必要で、そのキーはお医者さんです。いわば『仮想病院』。病院の仕組みが在宅でもできるような仕組みをつくりたいんです。その勉強のため、夜には大学院にも通っているんですよ。パラレルどころじゃないですね（笑）」（取材後、無事卒業されました）

◇　◇　◇

河田さん個人がとても高いコンサルタントのスキルを持っていると思うのですが、その奥に、何か社会に役立つことをやりたいという思いが溢れ出ていると感じます。「人に喜んでもらうこと」を社外のプロボノ活動で見つけ、それを自分の会社の事業として形にするというのは、私の知る中でも珍しい例です。

大きなリスクを負わず、自分のやるべきことを事業に昇華していく手腕はすばらしく、なかなか真似ができないことかもしれません。しかし、何とか自分の思いと会社の仕事を結びつけていくという姿勢、考え方は、とても参考になるのではないでしょうか？

4

平日は看護師として働き、週末は歴史をたどる街歩きのガイドをしている佐藤淳子さんの複業スタイル

私、土日は街歩きの案内をしています

自分に好きなこと、やってみたいことがあり、それを活かした仕事をしたい。それを複業で叶えている女性がいます。これからご紹介する佐藤淳子さんは、平日は看護師として忙しく働いています。

佐藤さんは、歴史が大好きで、自分でもいろいろ勉強し、それを活かせる仕事がないかと探していたら、ＴＡＢＩＣＡ（たびか）という仲介サービスの存在を知りました。さっそく登録し、土日祝はＴＡＢＩＣＡのホストとして、街歩きの案内を行なっています。それで副収入もきちんと得ています。

参加者にその場所ごとの歴史を解説する佐藤さん

TABICAとは、街歩きや自然体験、ワークショップなど、なじんだ地域でちょっとした日常の「体験」を提供できる人が、「ホスト」と呼ばれるガイドに申請して、各自が提供できる「体験」の企画を募集できるサービスです。

一般のお客はＴＡＢＩＣＡのウェブサイトを見て、気に入った「体験」があったら参加費を払って申し込みます。ホストになった人は実際に「体験」を提供することによって、参加費を受け取れるシステムになっています。

こうして書くと何だかハードルが高そうですが、専門家である必要はなく、「ちょっと詳しくて、人に案内できたり、教えられたりするぐらい」のレベルでも登録できます。**大切なのは企画の切り口が面白いこと**で、そこを工夫するとお客さんが集まるようです。

佐藤さんは「遊郭・遊女の歴史めぐり。知れば知るほど奥深い『吉原の今昔散策』」という企画で登録し、人気企画としてお客さんを集めています。筆者も同行させていただいたことがありますが、5名程度の参加者で、3時間ほど東京の下町、南千住駅から吉原を経て、三ノ輪駅までというコースで楽しい街歩きでした。

そもそも歴史が大好きなので、資料も自分でつくります

――平日は看護師として働かれているのですよね？

「そうです。土日祝の空いている時間にＴＡＢＩＣＡのガイドをしています。月に2回ぐらいでしょうか」

――街歩きの途中にいろいろ歴史的なお話をされていましたが、もともと歴史が好きだったのですか？

「はい。歴史が好きでした。歴史をたどりながら街歩きをする機会があって、こういうのを自分で企画してみたいと思い、ＴＡＢＩＣＡに登録しました。それで、今のタイトルを運営の方と考えたところ、けっこう参加者が集まってくださって。でも、苦労もあります。**自分で知識をインプットしていかないとだめなので、資料を調べたり、買ったりしてお金が出ていきます**」

――お客さんに説明する時、手づくりのファイルなどを使っていましたよね？　あいうものも自分でつくられるのですか？

「はい。中に入れる資料は神保町の古書店なんかで買ってきたり。３万円ぐらいのものもあるんですすよ。ＴＡＢＩＣＡで稼いだお金をそういうものにつぎこんでいるのかも（笑）。

あと**コースの下調べは入念にやります。**コースのことをよく知ることが大事なんですね。自分なりに歩いてみて、どこらへんに行ったらいいかとか、どこが面白そうかなと。あと、どこかでお手洗いの休憩をいれなくちゃ、そのためにこの公園で休憩するのがいいかななんて」

最初は話すのが苦手でした

――佐藤さんは看護師さんが本業ということですが、本当にうまくみなさんをガイドしていました。人とお話をするのが好きなんでしょうか？

「今でこそガイドをやってお客さんとやり取りできるようになったんですけど、最初はやっぱりお話するのがすごく苦手でした。緊張しちゃって。

でも、**自分の興味のあることをみなさんに伝えたいという気持ち**で克服できたと思います。やってみてわかったんですけど、一方的に説明するのではなくて、お客さんから『こんなこともあったんじゃなかった？』と言ってもらったりするのが大事なんです。そういうことを後で調べて、次に活かすことができます。今は、人と話したり、コミュニケーションをとったりすることが大好きになりました」

――でも、街歩きにはある程度知識は必要でしょうね。

「やはり必要です。お客さんのほうが詳しいこともあるんですけど。たいがいの質問には答えられないようにしなくちゃいけないですよね。自分でも勉強しています。でも、**そもそも好きなことですから**」

――収入はどれぐらいになりますか？

「最初は**『こんなにいただいていいのか』**なんてドキドキしました。ただ、無理ないペースでやって月5万円稼ぐというのはそんなに困難ではありませんね」

楽しいからこれを続けていきます

――今後はこのコースをずっと？

「谷中、谷根千なんかのコースを増やしたいですね。食べ歩きなんかも。お金だけが目的ではありません。自分の住んでいる辺りがどんなところか再発見できるのがいいですね」

――本業があって週末がＴＡＢＩＣＡのホストというのは大変だと思うのですが続けていきますか？

「はい。**続けていきます。楽しいですから**。それに、ＴＡＢＩＣＡの仕事は月々何回やるかのペースは自分で調節できますし、ガイド本番は週末の3時間ですので、大変ではないですよ。その準備に週に2、3時間ぐらいでしょうか。ＴＡＢＩＣＡの運営さんや参加者さんとのやり取りはメールで済みますし。それで稼いだお金を、自分の好きな歴史の資料集めに使えるのは楽しいし、またそれを街歩きの説明に活かせます」

◇　◇　◇

佐藤さんは、看護師の仕事と、大好きな歴史の知識を活かした街歩きのガイドとを両立させています。それぞれの仕事に関連性はないですが、ＴＡＢＩＣＡの仕事で得た収入は、自分の好きなことに思い切り使えて、それをまたＴＡＢＩＣＡの仕事に活かせるという好循環ができているようで、とても素敵なパラレル・キャリアだと感じました（取材後、佐藤さんはさらに活動の幅を広げていると伺いました）。

5 大手企業での「社外活動」取り組みの例（NEC）

大きな会社では「複業スタイル」は認められにくい？

ここまで、自分なりの「複業スタイル」を組み立て、日々充実した生活を送っている4名のお話を聞きました。しかし、ご紹介した方々の勤務先は大手企業というわけではありません。サイボウズ社も上場企業ではありますが、1997年に創業した比較的若い会社です。規模も大きくありません。すると、「若い会社、ベンチャーは自由がきいていいよね。自分が勤めているような、老舗の大手企業、悪い言い方をすれば古い体質の会社はそんな社外での活動を許してくれるはずがない」「うちみたいな大手企業は副業禁止に決まっている」という声が聞こえてきそうです。

しかし近年、そういう大手企業の体質も少しずつ変わっていると聞きます（もちろん変わらないところもあります）。たとえば、１８９９年創業の老舗であり、従業員数10万人を超える超大手ＩＴ企業の日本電気株式会社（ＮＥＣ）での取り組みはどうでしょうか？　やはり社外活動は認められていないのでしょうか。

同社コーポレートコミュニケーション本部の石川紀子さんにお話を伺いました。

プロボノのような社員自らのビジネススキルを活かした社会貢献を推奨しています

――大手企業は社外活動は認めていないというイメージがありますが？

「いいえ、ＮＥＣには『兼職』に関するガイドラインがあり、従業員就業規則にも記載がありますので、**所定の手続きを経ることで兼職つまり社外活動をすることが可能です。**また、２０１０年には**国内企業として初めてプロボノを導入**し、社員の積極的な参加を促しています。これは、企業市民として社員が自身のスキルや経験を活かし、幅広いフィールドで社会に貢献することを推奨しているだけでなく、多様な価値観に触れ、高い視座、広い視野でものごとを考える力を養うことで、社員の人生を豊かにしたいということからなんです」

——ITスキルの高い人たちがプロボノ活動を行なうのは、世の中のためにいいことかもしれませんね。

「はい。今後は、その辺りをもっと社会に、そして社内にこそ伝えていきたいと考えています。NEC公式のレポートにも、**『プロボノで地域創生に貢献する』**と記載しているのですね。社員の持つプロフェッショナルなスキルを社会課題解決に活かすプロボノ活動などを推進すると共に、さらに多くの社員が地域や社会活動に参画しやすくするための施策を検討しています」

——若い世代の意識も変わっていると聞きます。

「はい。**特に近年入社した若い世代の社員は、『社会課題の解決に貢献したい』という意識や意欲がとても高いですね。**本業であるＩＣＴ（情報通信技術）で社会課題を解決しながら、社員が業務外のフィールドでも自分のスキルを活かして社会や地域に貢献する、そういうことがあたりまえになるような環境を整備したり、企業文化を醸成していきたいと考えています」

自らもプロボノとして活動しています！

実は、お話を伺った石川さんご自身もプロボノとして、ＮＥＣのプロボノ仲間と、静岡県掛川市の「葛布（かっぷ＝掛川市の伝統的産業である織物）」の振興を通じた〝まちづくり〟のお手伝いをしています。

そのプロボノ仲間は、会社での部署はバラバラでこのプロジェクトで初めて出会ったメンバーだとのことです。社外活動を通じて、なぜか社内のネットワークができるという効用もあるのかもしれません。

掛川市のワークショップでファシリテーターとして活躍する石川さん

掛川市でのワークショップ（土曜日）を取材させてもらいましたが、副市長はじめ市の関係者はもちろん、さまざまな市民が集まり、会場には地元大学生の葛布を活かした作品が展示されていました。そこで石川さんはファシリテーターとして、スムーズに対話が進むように、そして活発に意見が出るように働きかけながら駆けまわっていました。会社を背負いながらも個人のスキルを活かす活動であり、個人の活動でありながら会社にも貢献できるといういい事例だと思います。

ちなみに、石川さんはアルトサックスのプレイヤーでもあり、ジャズバンドに参加しての活動もしているとのことで、多方面に活躍されているようです。大手企業にいても、本業で活躍しながらも、いろいろなことにチャレンジできる環境を会社が整えているのですね。

◇　◇　◇

ＮＥＣだけではなく、老舗の大手企業が続々と社外活動を認める方向に舵を切っていることが報道されています。本来は複業禁止の公務員の世界でも、地域の課題解決のための活動であれば報酬を得て働くことも認めるという動きが出ているようです。

本書を手に取った方には、老舗大手企業勤務、公務員の方もいるでしょう。もちろん、本業の仕事を一所懸命やることは大前提ですが、自分がやりたいこと、特に社会のために何かしたいという人は、あきらめないで組織に相談すると、道が開ける可能性が広がっています。まず、組織の中の信頼できるキーマンに話してみると解決策が見つかるのではないでしょうか。

5
章

複業から
ささやかな一歩を
踏み出しましょう

1

「もうちょっと先へ」を考えてみるということ

ここまで、「こんな人には、こんなロードマップはどうでしょうか？」「実際に複業をやっていきいきと生活をするってどういうことでしょうか？」ということを、事例を交えてお話してきました。

もし、あなたが3章でご紹介した4つのロードマップのどれかの通りに進んでいったとすると、「近い将来」に、かなり「ありたい自分」に近づいていることでしょう。それで満足ならそれで、本書からのアドバイスは特にありません。

しかし、どのロードマップを選んで進んだにしても、複業生活をやっているうちに「もっと本格的にやりたい」と思うことがあるでしょう。そうした場合は、「もうちょっと先へ」」、**ささやかな一歩を踏み出す**ことを考えてもいいのではないでしょうか？

つまり、「自分を世の中に認めてもらう」」、もう「静かな複業」の枠を超えて、まわりに「ありたい自分」のことを明らかにするのです。特に、「自立」の方向に進んでいる人は、「近い将来」の次は、そろそろ滑走路からテイクオフするべき時かもしれません。

①「こうありたい自分」は「会社でも自分の世界でもいきいきしている自分」
②「こうありたい自分」は「会社で成長し、きちんと評価されている自分」
③「こうありたい自分」は「自立して活躍している自分」
④「こうありたい自分」は「人に喜ばれることで自立する自分」

本書は『静かな複業』のはじめかた」をお伝えしたいのであり、あなたがここまでに至ったら、もうそれで十分かもしれません。しかし、それぞれのロードマップを経て、〝こうありたい自分〟に近いところまでにたどりついた人の中には、「もうちょっ

＼ 4つのタイプそれぞれが「もうちょっと先」に進むイメージ ／

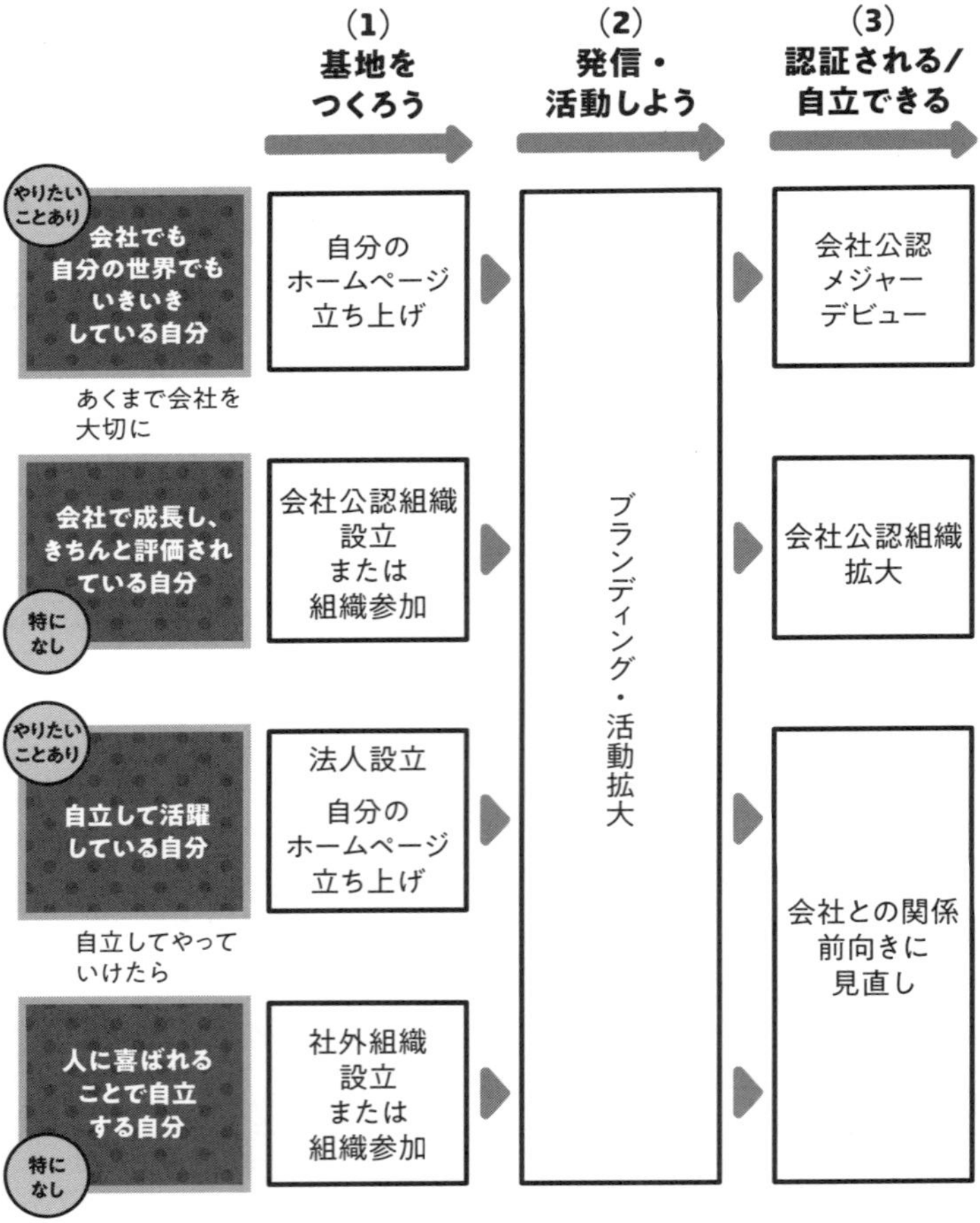

と先に進めないかな？」と思う人もいるでしょう。

それぞれの「もうちょっと先」を思い描いてみて、「もうちょっと先」に何をしたらいいか、具体的なイメージを広げてみませんか？

2

自分の「基地」を持ってみませんか？
――ホームページという「基地」を持つということ

自分の好きな仕事についての活動が波に乗ってきて、会社の仕事も平行して順調にこなせて、「うん、まあまあ両立できてるな！」と感じられるあなたは、もう「会社でも自分の世界でもいきいき働いている自分」、つまり、「こうありたい自分」にたどりついたのではないでしょうか？　ここで満足して、しばらく両立してやっていくということでも十分です。

しかし、「自分の世界」をもう少し社会に広めたいという気持ちが高まって来た人もいるでしょう。そこで、いよいよ「自分のキャラクターとしての旗」を立てたらどうでしょうか？　すでにＳＮＳなどを使っている人もいるでしょうが、**現代で言う正式な「旗」であり「基地」とはホームページでしょう。**

まだ会社などまわりに公開したくない人は、キャラクター・ペンネームのままでもいいでしょうし、会社もかなり理解を示してくれてきたから「もうそろそろ自分の名前を出していこうかな」という人は、自分の名前や写真を前面に出してもいいかもしれません。

SNSも必要ですが、あなたはどんなことができるのか、何をやってきたのか、問合せや相談はどうすればいいのか、その説明を代行してくれる**「代理人」が必要です。**その「代理人」となるのがホームページです。いわば、年中無休で24時間働いてくれる「代理人」です。これから先、このホームページを**「情報を受発信できる自分の基地」**として中心に置いておきましょう。

ホームページをつくり、自分の基地にするということは、「自立して活躍している自分」が「こうありたい自分」の場合は必須です。

3 ローコストでホームページを持つ方法

ここでは、ホームページ制作そのものについて詳細は説明しませんが、自分の手で、しかもローコストにつくることができる方法を紹介します。

その前に、「ホームページをつくる時には『スマホ対応』『セキュリティ対応』が必要」ということを認識してください。

まず**「スマホ対応」**ですが、今の時代、あなた（あなたの仕事内容）にアクセスしたい人、情報を知りたい人はパソコンよりスマホで見に来ます。なので、スマホで見やすいようにしていないと読んでもらえません。

そして**「セキュリティ対応」**とは、簡単に言えばホームページのURLを「http〜」から「https〜」にすることです。こうなっていないホームページは、グーグルの検索では「ダメなホームページ」と判断されてしまうのです。ホームページをつくっても、グーグルの検索に引っかからないようだと、誰も見に来ません。

「でもそんなホームページをつくるにはお金や技術がいるのでは？」と思われるかもしれません。ツイッターやフェイスブック、ブログなどがある程度できる人であれば、後述するサービスがおすすめで、ほとんど自分でできます。前述の「スマホ対応」「セキュリティ対応」の心配もありません。全部、サービス側で準備してくれています。

①　はじめてWeb　https://hajimeteweb.jp/

ほとんどブログ感覚でホームページがつくれ、専用のメールアドレスも持てます。最初の1年間は無料です。また、「独自ドメイン」つまり「あなたの好きな言葉＋ジェーピー」のホームページのドメイン名が取得できます（ドメインが空いているかは要確認）。それも含めて全部1年間無料で、2年目の更新から、1万8000円（年額）ほどが必要になります。

② **グーグルマイビジネス**　https://www.google.com/intl/ja_jp/business/

個人商店や小規模企業などに向いたグーグルのサービスで、基本すべて無料です。グーグルのGメールアドレスを取得すれば使えます。質問の通りに入力していけば、いつの間にか簡単なホームページ機能が持てます。大きいメリットとしては、人がグーグルで検索した時に、表示されやすいことです。

どれを使わなくちゃいけないということではありません。でも、今後活動を展開していくには、自分あるいは仲間と自分のホームページを持つことが必須でしょう。また、ホームページをつくる時に、助成金を出してくれる自治体もあるので、チェックしてみてください。

●**東京・中央区「中小企業のホームページ作成費用補助金」**
（対象経費の二分の一、5万円まで助成）
https://www.city.chuo.lg.jp/sigoto/kigyonosinko/shoukan.html

●**東京・葛飾区「ホームページ開設費等補助」**
（対象経費の二分の一、5万円まで補助）
http://www.city.katsushika.lg.jp/tourism/1000066/1004930/1004944/1004957.html

●**大阪・吹田市「中小企業ホームページ作成事業補助金」**
（対象経費の二分の一、5万円まで補助）
http://www.city.suita.osaka.jp/home/soshiki/div-toshimiryoku/chiikikeizai/shoukougyou/kigyouhojyo/homepagehojyo.html

その他いろいろな自治体でホームページ作成への補助金制度を行なっています。それぞれ条件があったり、年度で変わったりしますが、調べてみる価値はあるでしょう。

4 会社（法人）という「基地」を持つということ

ホームページだけではなく、自分の「好きなこと」や「やりたいこと」の活動、また社外での活動の「基地」、しかも「リアルな基地」を持ちたいと考えることがあるかもしれません。そこで考えるのは「法人」です。

「ありたい自分」のための会社をつくるのです。「起業」ではありません（もちろん、やりたいことが見つかって、「起業するんだ！」と決心した時はそのまま進めばいいでしょう）。むしろ、「ありたい自分」の形を「法人」にするのです。「法人」という言葉には「人」がついていますね。つまり、人間ではないけど「人」なんです。**もうひとりの自分**ということです。そして、会社はひとりでもつくれます。

私が聞いてきた限り、「副業禁止」の会社でも、「会社の代表取締役になること」は禁止されていないところが多いようです。ここまで来たら、自分の会社に相談して、堂々と自分の会社（法人）を立ち上げてみてはいかがでしょうか。

もちろん、「個人事業主」でもやりたいことはできますが、自分の法人という「基地」をつくると得られるメリットを紹介します。

■メリット

●法人にすると社会的信用が増します。特に、企業相手に何か仕事をしようとすると、個人では相手にしてくれないことがあります。

●信用が増したことにより、金融機関から融資を受けやすくなります。

●個人の生活費と会社の経費を分けて管理するようになり、事業への真剣度が増します。

●万一のことがあって会社をたたむ時でも、自分がかぶる責任は有限です（ただし、たたむ費用は持たざるを得ません）。

もちろん、メリットばかりではありません。

■**デメリット**

●法人設立には費用がかかります。

●法人として、毎年いろいろな税金を支払わなくてはなりません。

●たとえ社長の自分ひとりであっても社会保険料の支払い義務があります（会社からもらう報酬額をゼロにすれば回避できます）。

こうしてメリット、デメリットを比較すると、「そこまでして会社をつくらなくてもいいんじゃないか？」という気になってきますね。

しかも本書の読者には、会社を大きくしようとか、上場させようなんて人は少ないでしょう。そうであれば、**「基地」をつくることによって、「こうありたい自分」が形になって見えるようになることが一番大きなメリットとなります。**

そうすると、とてもモチベーションが上がります。たとえば、ほぼ30年間会社を維持してきた私は、もうひとりの自分である会社があるからこそ、それだけで苦しい時期も乗り切れました。もはや精神論になりますが、特に自立しようという人は心にとどめておいてください。

ここで、法人を持つことに興味がある、というあなたにポイントだけ述べておきます。

「株式会社」を設立するにはおおむね30万円ぐらいが必要で、設立までに手続きなどで2週間ぐらいかかります。

一方、「合同会社」はそれよりローコストで早く設立できます。合同会社も立派な会社法人であり、企業との取引にもまず問題なく、法人としての銀行口座がつくれます。「一般社団法人」も法人としてつくることができます。これは、教室を開いたり、民間資格を発行したりするセミナー・教育関連ビジネスに向いた法人形態です。

設立に必要なお金のうち、「登録免許税」は、98ページで紹介したようなサイトで情報を得られる自治体の創業支援制度を利用すれば半額になります。ただし、セミナーを受けたり、必要な手続きを踏まなくてはなりません。

ここで、法人設立に必要な主なもの、そして法人設立後にかかる費用についてまとめておきます（左表）。

いろいろありますね……。なるべく自前でやったり、クラウドソーシングで安い取引先を探したりしてコストを下げたいものです。それでも会社を立ち上げる時には、何だかんだとお金がかかります。そこで「補助金」（または「助成金」。ほとんど意味は同じ）の活用を考えましょう。

これは、国や地方自治体が、起業する人を支援するため設けている制度で、たとえば、国の「創業助成金制度」の対象に採択されれば、これまでの例（毎年必ずあると限りませんが）で言うと、１００万円または２００万円までの起業資金を補助してくれるものです。いろいろ条件がありますが、返済しないでいいものなので、採択されればラッキーです。

毎年、制度の告知は「ミラサポ」や「J-net21」で調べてみてください。

＼ 法人設立の際にかかる費用と必要なもの ／

かかる費用の目安	資本金	1円以上
		一般社団法人の場合は「基金」
	行政に支払う印紙代など手数料	株式会社　約20万円
		合同会社　約9万円
		一般社団法人　約11万円
	専門家に設立代行してもらう手数料	約5万～10万円
主に必要なもの	会社の定款、資本金の通帳コピー（個人）	
	印鑑と印鑑証明（個人）	
	登記する本店所在地	自宅やレンタルオフィス

＼ 法人設立後に必要なもの ／

管理関係	オフィス関係	自宅
		レンタルオフィスやコワーキングスペース(月1万～3万円)など、「第3の場所」として使っていたところをそのまま使うのが理想
	作業に使うもの関係	パソコン
		ネット接続のルーターやネット契約
		プリンターなど
	事務用品関係	ファイル、会社の印鑑など
	会計関係	会計ソフト
営業関係	リアル関係	封筒、チラシ、リーフレット(それぞれのデザインも必要)
	バーチャル関係	ホームページ
		自社のドメイン（○○.jpとか）
		レンタルサーバー契約

5 金融機関との取引をはじめる

本気で自分の事業をやっていこうとする場合、前述の会社設立にしても、金融機関とのやり取りが増えてきます。そこで、だんだん「本気でやっていこうかな」という気持ちが高まってきたら、金融機関との取引を意識したらどうでしょうか？

具体的な方法の例として109ページでも述べましたが、自分の地元、あるいは法人を開いたり、事業を行なったりする地域の**「信用金庫」（あるいは信用組合）に口座を開き（この時点では個人で）、「定期積金」を月1万円でもはじめるのです。**もちろん金額は好きに決めてください。

そうして、毎月積み立てていくと、その信用金庫との信頼関係ができて、会社を開こう、あるいは個人で事業を本気でやっていこうという時に相談に乗ってくれます。

行政の低利の貸付など情報をもらえたりもします。もし、結局何にも事業をやらなかったとしても、自分に貯金が残りますので、損にはなりません。

6 行政との付き合いをはじめる

これまでの行政機関との付き合いというと、市・区役所で自分の書類の受け渡しを数回やった程度だったのではないでしょうか。自分で事業をはじめる、しかも法人を立ち上げるというと、いろいろな役所（行政）との付き合いがはじまります。

たとえば、会社員であれば、土地の取引以外では用がない「法務局」というところも、会社の登記、登記した後の会社印の登記やその証明書、登記簿謄本という会社の正式な証明書などを取りに出向くことが出てきます。場合によってはハローワーク、社会保険事務所に行くことも出てくるかもしれません。そしてもちろん納税も義務です。その時、初めてあなたは気がつくのです。

「会社というのはこんなにいろいろな手続きをしているものなのか。自分はその中で

自分の仕事だけしていればよかったのか！」

外に出たことで、会社に所属していることのメリットを改めて感じられるはずです。自分ひとりでやろうとすると大変なのです。小さな会社というのは、面倒くさい事務手続きに忙殺されて、なかなか自分の好きなこと、やりたいことに没入することができないのも事実です。

こんなことを言うと、自立しようとしている人の気持ちを削ぐかもしれませんが、そういう**面倒くさいことも耐えてやっていく覚悟ができるまでは、会社を辞めないほうがいい**です。もう一度立ち止まって、会社を辞めずに、両立していけないか考えてみましょう。

7 組織をつくる

好きなこと、やりたいことがある人向けの話をしばらくしてみましたが、そういうものが特になく、「人に喜ばれること」を社外活動で見つけて頑張ってきた人も、これから先はやはり自分の「基地」を持つべきです。

会社を辞めずに、その中で成長し、評価されたい人は**「会社公認の活動組織」**をつくったらどうでしょう。または、自分がリーダーに向かないと思う人は、誰かキーマンを中心に組織を結成して、会社に公認してもらい、堂々と活動できるようにしましょう。

ロードマップ通りに進んで来られた人は、もう会社と交渉するだけの力を持っていると思います。そして、**この活動を社外に発信して会社のイメージアップを図ったり、**

活動を通じて得た成果物を会社にフィードバックしたりすれば、それが会社への貢献になります。その組織はずっといられるあなたの「基地」になるはずです。

いつか、会社から離れて自立を考えている人も、やはり、社外活動を続けやすいように、「社外組織」をつくることを考えてみてください。

会社との関係がどうなろうと、あなたの「第3の場所」は「基地」となって、ずっと「居場所」になるはずです。やはり、自分がリーダーに向かないと思う人は、誰かキーマンを中心に組織を結成し、任意団体（法人としては認められませんが会則をつくって銀行口座を持つことはできます）をつくるか、一般社団法人をつくれば、よりしっかりした「基地」になるはずです。

社外につくったその基地が成長していくのを見計らって自立を考えるのが現実的です。でもやはり、すぐに会社を辞めずに立ち止まりましょう。その社外活動は、本当は今いる会社にも役立つのではないですか？　くれぐれも早急な判断は禁物です。

8

自分や組織のブランディングをはじめませんか？
——ストーリーをつくるということ

自分あるいは自分の組織を成長させていきたい、という時には広く発信する必要があります。ただし、ただ広めればいいというわけではありません。

例を考えてみましょう。「音楽を通じて地域の課題を解決するウクレレ愛好家の集まり」というブランドを広めていきたいと決めます。そのブランドを効果的に発信していくためにストーリーを考えます。

たとえば、一般社団法人化して記念ライブを行ないたいとしましょう。でも、ただ「ライブをやります」ではもったいないので、次のようなストーリーを組み立てます。嘘はだめですが、事実に基づき、人がブランドを理解しやすいように「物語化」してみるのです。

●A町は大都市B市のベッドタウンで住民同士のつながりが薄かった。
●特に、旧町民と引っ越してきた新町民がなじめず、地域活動が停滞していた。
●新町民は近隣のショッピングセンターに行ってしまうので、A町の「にこにこ商店街」も衰退してきた。
●ところが、旧町民のCさんと新町民Dさんがウクレレ愛好家同士であることがわかり、一緒にウクレレ教室を開催。旧町民も新町民も集まって演奏をしているうちに仲よくなってきた。
●そうして音楽サークルができ、「にこにこ商店街」で定期的にイベントを開くようになると、新旧町民が集まるようになり、にぎわいが戻ってきた。
●さらにそのサークルを発展させようと、今回一般社団法人化し、「ウクレレでの地域課題解決」を旗印に、全国の同じような悩みを抱える地域に提供しようと考えた。
●一般社団法人化を記念して、A町公会堂で「ウクレレ名人Fさん」をお迎えしてライブを行なうことになった。

次項でお話しますが、もし私が地元メディアの人間であれば、こういうストーリーだったら紙面で取り上げてもいいかなと思うでしょう。

自分あるいは組織はなぜこんな活動をしているのか？「社会や地域にこんな問題があるから」「それを解決するためにこんなことが必要だと思ったから」ということがわかりやすくなっていればいいと思います。

もちろんこういうストーリーは、自分たちのホームページにも記載します。特に、「きっかけ」。先ほどの例で言えば、「A町商店街の老舗楽器店に、ふらっと新町民のDさんが遊びに来て、ウクレレを試奏しているうちにCさんが悩みを打ち明けた……」などというエピソードがあれば、さらに人の胸に届きやすいでしょう。

繰り返しますが、嘘はいけません。しかし、人に伝わりやすくするために加工するのはセーフです。

9 メディアを通じて社外活動を世間に発信する

社外の活動をもっと成長させていきたい時は、やはり広くブランディングしなくてはいけません。自分たちのホームページでの告知やSNSの拡散だけではなく、**「広報」**活動をする必要があります。

前項のストーリーをもとに、**「いつ」「どこで」「誰が」「何を」「どうやって」「何のために」**という情報を整理して、入場料や出演者などの告知情報を足せば、取材しようか、記事にしようかという気持ちにさせるプレスリリース（記者向けの発表）になり得ます。

お金をかけない方法

地域の新聞社やウェブメディアなどに、プレスリリースを送ります。電話でもＦＡＸでもいいですが、ＦＡＸが実は意外とよかったりします。芸能界での発表ごとは、いまだにＦＡＸですよね。

「自分が報道発表なんてあり得ない！」

そう思うかもしれません。確かにテレビや大新聞などは遠い存在です。しかし、世の中にはいろいろな媒体があります。そして、（私もそうなのでわかりますが）メディアの人たちはいつも「何か面白いニュースはないかな～？」と探しています。

特に、大新聞などでも、**地方版**がありますので、その支局にプレスリリースを送るとひょっとして取材されるということは大いにあり得ます。大手の新聞でなくても、**地元のフリーペーパーや雑誌**は、**「新規オープン」や「イベント」「読者への優待」**などの情報を常に探しています。

「日本で初めて」「地域で初めて」などのキーワードがあれば、さらに取り上げられる可能性は高まります。ウェブメディアでもいいのですが、「紙」のメディアのほうが「信頼性が高い」という側面があります。ただし、ウェブメディアに掲載されると、シェアされ、拡散されやすいという特性もあります。要は**手間を惜しまず送りましょう**ということです。

といいながらも、送ってもなかなか取り上げられないことも多いので、割と狙い目は「みんなの経済新聞」のネットワークです。

●「みんなの経済新聞」ネットワーク　https://minkei.net/info/aboutus.html

こちらは「シブヤ経済新聞」とか「大宮経済新聞」「札幌経済新聞」「浜松経済新聞」「広島経済新聞」「博多経済新聞」など、各地域の「○○新聞ネットワーク」を形成しています。

首都圏だけでなく、地方の都市でもありますので、自分たちの社外活動が関連する地域の経済新聞のプレスリリース窓口に、プレスリリースをＦＡＸしましょう。取り上げられると、運がよければ、もっとメジャーなニュースメディアにも掲載される可能性があります。

多少お金をかける方法

少しお金を使ってもいいという場合は、プレスリリースをいろいろなメディアに配信してくれるサービスもあります。会社によって違いますが、だいたい1回あたり約3万円から配信代行してくれます。

●**PRタイムス**　https://prtimes.jp/

●**アットプレス**　https://www.atpress.ne.jp/

どちらの方法を取るにせよ、取材して記事にしてもらえれば大きな効果があります。広告を打つよりよほど効果が高いのはおわかりでしょう。

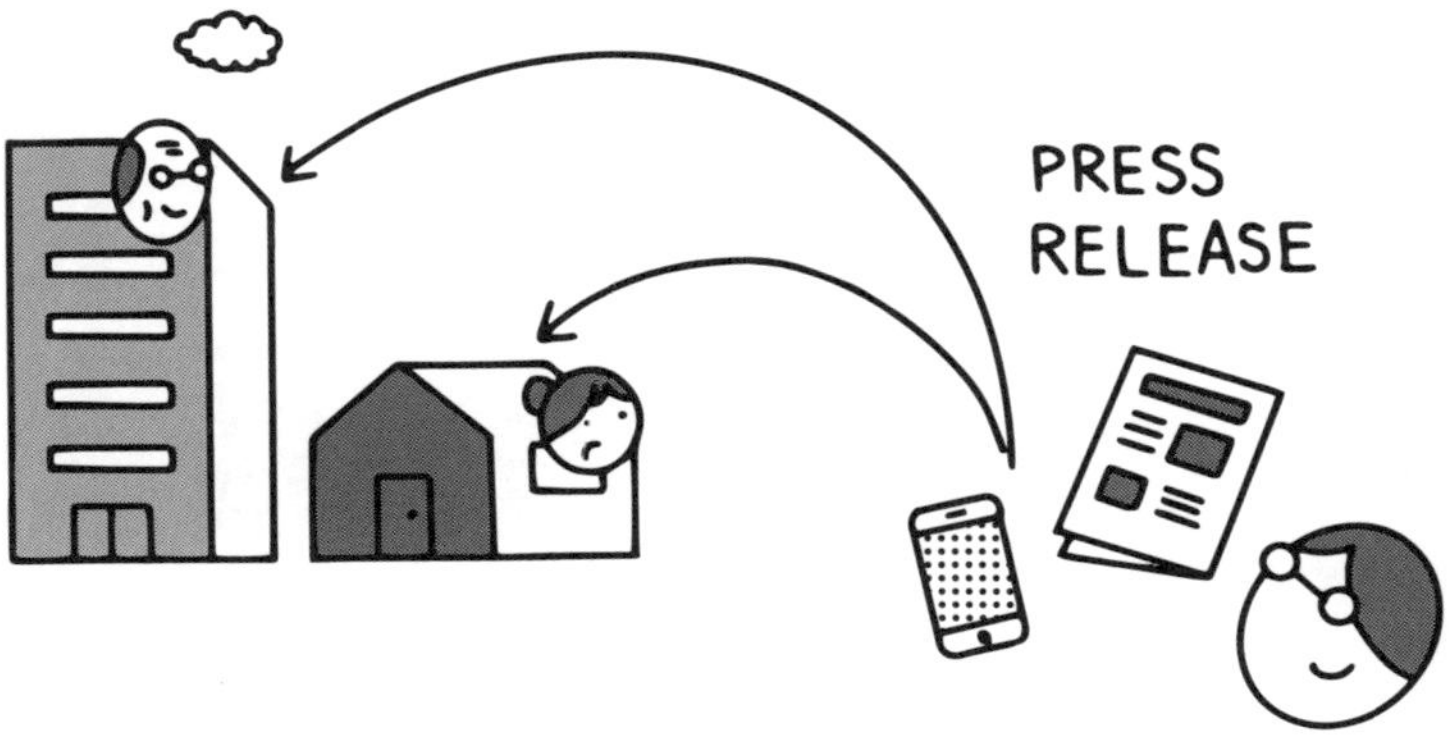

プレスリリースで広報活動をはじめよう

10

自分の「教室」を持つ
――人に教えることをビジネスにする

「人に教えることをビジネスにしたい」と考えたことのある方は、ここまでにいろいろ試してきたことでしょう。セミナーなども開催してその大変さを知っている方もいるかもしれません。

これを、「教室」にしていくとなると、決まった費用（家賃やレンタルスペース代）がかかります。たとえばヨガを教えるとなると、どうしてもスペースを確保しなくてはなりません。なかなか費用がかかります。

会社の理解を得て活動できる人は、会社の施設などが使えればいいのでしょう。一方、社外活動がメインの人は、何とかスペース費を捻出しなくてはなりません。ましてや、自立を目指す人は、それで収益を上げていかなくてはなりません。

こういう考え方もあります。「教室＋α」。

つまり、教室はあくまでも生徒を集めるためのショールームであり、その他のことで稼いでいく方法です。たとえば、次のようなことが考えられます。

●独自の民間資格を発行する

●その受験費やセミナー受講費、テキスト代を徴収する

●民間資格を取得した人を講師にして、セミナーを開くことを許可する（ただし、売上の何割かを本部に納める、あるいは本部経由でセミナーを開催させる）

●セミナーの模様を有料配信する

●セミナーの内容を通信教育に使う

●教える内容を「本」にする

これらのやり方は、伝統的な「お弟子さん」を取るような習いごとでも行なわれてきたと思います。そのためには、一般社団法人化するとやりやすくなるはずです。個人が民間資格を発行するといってもあまりピンときませんよね。

これは、本部として実施するあなたのブランディングがうまくいけばいくほど、成長しそうなビジネスです。そして、そのためのブランディングで、特に力になるのは「本を出す」ということではないでしょうか？　そこで次は「自分の本を出す」ということを考えてみたいと思います。

11 自分の本を書いてみませんか？
――ブランディングの最高峰、本を出す

私の経験でもそうですが、本を出した方々に聞くと、「本を出したことはよかった。特に**自分の『名刺』になった**」と言います。自分の好きなこと、やりたいこと、あるいは社会のためになる活動についての本を出せれば、それはブランディングの最高峰といってもいいのではないでしょうか。

これから活動を本格化していく時に、大きな助けになるはずです（小説やマンガなどの創作作品で本を出し、自立していきたい人はまたちょっと別の道だと思いますが、やはり「紙の本」になることの価値は高いでしょう）。

前述のように、**「紙」は信頼性が高いメディアです。**なぜかというと、ウェブのように誰でも発信できる媒体と違い、「紙の本」になるということは、出版社という組

織が責任を持って内容を吟味し、プロの編集者が「これは世の中に出したい」と費用や手間をかけて真偽を確認し、内容を整えて出すものです。それを**「商業出版」**と言います。もちろん、「商業」ですから、中には商売優先のものも混じっていることは否定しませんが、このような前提があるからこそ、「商業出版で本を出すことは価値がある」と評価され、「本を出したこと」は自分の名刺になり得るわけです。

まずはシンプルな「出版企画書」をつくりましょう

昔に比べて、本を出すハードルは下がってきました。ビジネス書籍を出したい人は、自分で「出版企画書」をつくり、出版社などに送ります。ただし、その出版企画書をつくるのがなかなか難しいものなのです。

出版社の中には、著者（本を書く人）を育てようと、出版社主催の塾のような取り組みをしているところがあります。たとえば、本書を発行する同文舘出版も著者の企画を吟味する会議を開いています。そういうところに参加して、自分が出したい本の企画を練り上げていき、編集者とのつながりをつくっていくのがおすすめです。

いきなり出版社に「こういう本を出したいです！」と書いた原稿を持ち込んだりしても、なかなかうまくいきません。マンガの世界では、自分が書き上げた山のような原稿を出版社に持ち込むシーンがありますが、あなたがよほどの有名人でもない限り、そんな原稿にはまず目を通してもらえません。迷惑がられるだけでしょう。

まず、出版企画書をつくることです。それもシンプルなものです。パワーポイントでつくった何十ページもあるものは目を通してもらえません。A4サイズ1枚に、仮のタイトル、本にしたいテーマ、ターゲット、簡単な目次などをまとめたものがいいでしょう。

出版社もビジネスです。世の中のためになるものを出したいのは当然としても、やはり買ってもらえる人が見込めないと本にできません。自分で書きたいテーマがある人は、大きな書店に行き、自分のテーマに近い本がどういう形で売られているのかを見てまわって確かめ、「自分の書きたいテーマや発信したいことはこんな形でもう本になっているのか」などと検討することをおすすめします。すると、「だったら自分は切り口をこうしよう」と、企画をブラッシュアップできるでしょう。

自分で電子書籍を出すという方法

インターネット上で、「あなたの本を出版します！」などという出版コンサルタントの宣伝文句を見ることがあります。そういったものの中には、多額の金銭を要求するような人もいますので注意が必要です。やはり、信頼できる出版社とつながりを持つことをおすすめします。

それでもどうしても自力で本を出したいという人には自費出版という道もあります。出版社の中には相談すれば、予算によって受けてくれるところがあります。しかし、かなりの予算を要求されますし、商業出版と比べると価値が低いと思われる場合が多いので、あまり強くすすめられません。

多額の出費をして自費出版するくらいなら、Ａｍａｚｏｎの「キンドル・ダイレクトパブリッシング」という電子書籍の自費出版サービスを使うほうが現実的でしょう。

ここでは、詳しい手続きの解説は省きますが、マイクロソフト・ワードなどおなじみのソフトを使って原稿を入稿し、Ａｍａｚｏｎで販売することができます。名刺代わりにはなるかもしれません。

ここまで「本を出すこと」について述べてきましたが、「名刺」としての価値はもちろん、それを出すまでの過程で、自分の考えや生き方を整理することができるという長所もあります。また、本を出したということはニュースにもなり得ますので、記念セミナーを開いたり、プレスリリースを発信したり、それによって取材を受けたりします。私の場合、よく「うちにも寄稿してくれないか」とか「テレビ番組の企画に協力してもらえないか」という依頼を受けます。本を出すことはそれぐらいブランディングに役立つと理解してください。

12 自立の時？会社との関係を見直す

いよいよ最終段階に入りました。これまでの過程を経て、自分の好きなことややりたいこと、人に喜ばれることなどで、会社とは違うネットワークをつくり、その中で実績を重ねてきました。すでにあなたは、毎日の仕事が楽しくなっていると思います。それでいいのですが、「自立」を考えている人はそろそろ「旅立ち」を考える時期に近づいているかもしれません。

しかし、本書では、「それでも会社を辞めない方法」を考えてほしいと思っています。もちろん決断した人を止めたりはしませんが、**辞めるのではなく「関係を見直す」**ということはできないでしょうか？

たとえば、これまで**「正社員」だったのを「業務委託」に変えてもらう**方法です。もし、あなたが、たとえ自立を胸に抱いて活動してきたとしても、本業の仕事を頑張ってきたあなたは、会社にとって必要な存在でしょう。

「業務委託」とは、今までの業務の中で一定の仕事を請け負って、それで報酬を受ける方法です。会社員ではなく、個人事業主として、会社から報酬を受ける立場になります。法人をつくっていたら、自分の法人で仕事の契約をしてもいいでしょう。

その際に**一番大切なのは、「労働時間の自由」を約束してもらうこと**です。会社に拘束されては意味がありません。自分でスケジュールを管理できるようにして、在宅でもできるようにしないと、待遇が悪くなっただけで意味がありません。拘束したがる企業というのはあるもので、そこは慎重に契約しないとだめです。

会社との関係を見直して、**「会社はメインクライアント」**という位置づけにするのです。正直、定期的に月30万円を自分の力だけで稼いでいくのは大変です。それに近い金額が得られれば、少なくともしばらくはメインクライアントとしていてもらったらいいのではないでしょうか？

今いる場所の仲間を大切に

自立して思うのは、実は今までの会社で築いた関係が、意外と役に立つということです。私自身も、辞めた会社にお世話になったり、もとの同僚や後輩と仕事をしたり、とてもありがたく付き合っています。お互い、ある程度気心が知れているのですから、楽ですよね。あれほど嫌だった会社が、辞めてワンクッション置いてみると、とてもいい会社だったと思うことも少なくありません。

また、不思議なことに、辞めた後に仕事を発注してくれたり、いろいろ協力してくれたりする人は、「親しかった人」より、「ちょっと社内で知り合っていた関係」、いわば薄い関係の人が多いのも事実です。つまり、自立して会社との関係を見直すにしても、「今いる場所の仲間を大切」にしたほうがいいのです。

あなたの複業スタイルの幸運を祈ります。グッドラック。

あとがき

「複業の話をします」と言うと、「お小遣い稼ぎの話ですか?」「儲かりますか?」と聞かれます。もちろん適正な収入を得ることは大切ですが、「そうではなくて〝生き方〟の話です」と答えると、「そんな大げさな!」と笑われたり引かれたりします。これまで、副業、兼業というのは確かにそんなイメージがありましたよね。

なぜ生き方の話なのか。私の世代(60代)は、親や先生から「勉強していい学校に進めば大きないい会社に入れる。大きないい会社に入れば一生安泰だ」ということを言われてきました。しかし今、そんな〝何となくの未来設計〟が崩れかけています。

本書執筆中にも、経済界のトップから「終身雇用はもう困難」という発言や、政府からも「年金だけに頼らず自助努力を」という趣旨の発表がありました。反発の声やあきらめの声も多く見られます。私の世代も無縁ではありません。「何とか年金でやっていこう」と生活設計をしていた人たちにも「年金減額」が見えてきたわけです。

でも、厳しいことを言うようですが、「誰かに依存する〝何となくの未来設計〟」を選んできたのは自分自身なのです。それを見直すチャンスじゃないでしょうか？「こうありたい自分になるための〝自分中心の未来設計〟」をはじめるのは今です。

複業によってそのきっかけをつかむのです。

「忙しいから」と後回しにしていては、見直そうにも見直せない状況に追い込まれてしまうかもしれません。今は過渡期です。ある程度安定的な環境にいるうちに、「自分中心の未来設計」をはじめましょう。そのために会社とは違う自分のネットワークをつくり、充実した時間をすごす中で成長し、そこで得たスキルを会社の仕事に役立てる、またはそこで得た収入を将来に投資していくことをおすすめします。

本書は難産でした。誰に向けて書けばいいのかわからない状況に陥った時にもしっかりナビゲートしてくれた編集の津川さんに感謝します。津川さん（ご自身も育児しながら働いています）が読みたい内容を書けばいいのだと気づいてからは指が踊るようにキーボードを打てました。ありがとうございました。そして、インタビューにご協力いただいたみなさんにもお礼を述べさせていただきます。また、サイボウズ株式会社広報チーム山見知花さん、そして日本電気株式会社（ＮＥＣ）コーポレートコミュニケーション本部エンゲージメント推進室石川紀子さんに大変お世話になりました。ありがとうございました。

本書は毎日ふつうに働く、名もなき会社員のみなさんに向けて書いたものです。この大きな過渡期に、こうありたい自分の未来設計のため、ひとりでも「複業」を経験していただければと思います。それで日々の仕事が楽しくなれば、きっと自分も家族も会社の仲間も明るく変わっていくのではないでしょうか。

会社は大切にするけれど依存しない。こうありたい未来を自分で設計しましょう。

藤木俊明

２０１９年７月

著者略歴

藤木俊明（ふじき　としあき）

有限会社ガーデンシティ・プランニング　代表取締役
明治大学リバティアカデミー講師 / 関東経済産業局登録マネジメントメンター
/ 副業評論家

リクルート、ぴあを経て1991年コンテンツ企画制作の有限会社ガーデンシティ・プランニング創立。社業のかたわらライティングや企画書制作の講師を務め、さらに近年は「複業」の啓蒙に勤しむ。NHK総合「ごごナマ」などメディアにも副業評論家として出演。
著書に『会社を辞めずにローリスクで独立・起業する！』（秀和システム）、『10分で決める！　シンプル企画書の書き方・つくり方』、『5分で相手を納得させる！「プレゼンの技術」』（共に同文舘出版）などがある。

著者ホームページ　https://www.fujikitoshiaki.com/

※本書で紹介したサービスや施設などは2019年2月末時点の情報に基づいて作成しております

会社を辞めずに“好き”“得意”で稼ぐ！
「複業」のはじめ方

2019年8月8日　初版発行

著　者 ―― 藤木俊明

発行者 ―― 中島治久

発行所 ―― 同文舘出版株式会社

東京都千代田区神田神保町1-41　〒101-0051
電話　営業03（3294）1801　編集03（3294）1802
振替00100-8-42935
http://www.dobunkan.co.jp/

ISBN978-4-495-54042-5
印刷／製本：三美印刷
Printed in Japan 2019